思想觀念的帶動者

文化現象的觀察者

本土經驗的整理者

生命故事的關懷者

心靈工坊 PsyGarden

Holistic

探索身體，追求智性，呼喊靈性
攀向更高遠的意義與價值
是幸福，是恩典，更是內在心靈的基本需求
企求穿越回歸眞我的旅程

不完美的禮物

放下「應該」的你，擁抱真實的自己

The Gifts of Imperfection:
Let Go of Who You Think You're Supposed to Be and Embrace Who You Are

布芮尼・布朗（Brené Brown Ph. D.）——著
田育慈——譯

目次

【推薦序】

不完美，真的沒關係

周志建
（心理學博士、資深心理師、《故事的療癒力量》作者）

當出版社找我為這本書寫序時，一看到作者是布芮尼·布朗，我立刻欣然答應。儘管我的下一本書八月即將出版，我已經下定決心這幾個月要閉關寫作的，但這本書依然吸引著我想去閱讀。

為什麼答應？喔，我對布芮尼·布朗博士可一點都不陌生，甚至喜歡這個人。二〇一〇年她在TED網站有一場經典的演說：「脆弱的力量」（The Power of Vulnerability），講得實在精彩。這場演講據說後來成為該網站最受歡迎的演講之一，點閱率高達八百多萬人次。

其實我真要感謝她的，去年一整年我的敘事工作坊，我經常會跟大家分享這場二十分鐘的精湛演講，它幫課程做了最好的暖身。

演講內容，跟敘事有關？當然。

說故事，它創造一種人我之間的連結，但你知道人們為什麼羞於開口說自己的故事嗎？根據布朗教授的研究，原因不外兩種：羞愧（shame）與恐懼（fear）。我們的教育始終要我們成為完美的人，完美才是好的、對的，於是，當人們面對生命的挫敗、悲傷、憤怒，這些不完美的經驗與情緒，自然選擇逃避、否認、忽略。

但是，當我們隱藏了不完美，同時我們也隱藏了自己。

於是，我們跟自己、跟他人就產生關係的斷裂，我們總害怕自己「不夠好」，別人會不喜歡我、拒絕我，因此造成我們在人際上退縮，不然就是戴面具不用真我待人。這，就是為什麼現代人活得痛苦的原因吧。很多前來找我諮商的個案，都是如此，當然，我也不例外。

但現在，有一個人告訴你：**不，脆弱是有力量的，不完美也是生命的**

一部份，**它甚至是生命的「禮物」**。這完全顛覆了主流價值「逼迫」你要完美的觀念，你相信嗎？接受嗎？

我們都知道人不完美，卻無法接受自己不完美。整天跟自己的不完美對抗，叫人每天活得鼻青臉腫、痛苦不堪。請別再跟自己過不去了。邀請你，從今天起，承認並接受自己的不完美。怎麼做呢？

從說故事開始。

如同本書前言一開始標題所講的：**「揭露自己的故事，並且在過程中愛自己，會是我們所行之事中，最勇敢的一件。」**沒錯。說故事這件事，讓我們把自己認回來，並擁抱真實的自己，這就是愛自己。

說自己的故事不是一件容易的事，確實需要勇氣。但我們不是因為有勇氣才敢說故事，而是因為說了故事以後，才使自己變得更加勇敢的。勇氣，是在實踐中漸漸產生的東西。這是我這幾年實踐敘事、說故事的親身經驗。

「人可以不完美，但人要完整」。我的書《故事的療癒力量》〔註一〕裡用這句話說明了故事療癒是怎麼一回事，剛好這本書也在講這件事。

正因為我們的不完美，所以讓我們才得以完整。怎麼說呢？

「完整」並不是指一個人完美無缺、完全沒有痛苦破碎的經驗，不，剛好相反，我們的生命之所以得以完整，是因為我們願意去經驗並接受生命的痛苦、悲傷、絕望與眼淚。透過故事敘說，讓我們再次經驗生命的破碎，進而潛入生命的幽暗處，在那裡，我們遇見人性的亮光，窺見生命的力量與美麗。這就是故事的療癒力量。

說故事，得從生命的斷裂處開始。（就是不完美的地方）

說故事，讓我們得以凝視生命的不完美，並與之「共存」。（共存就是完整）

在給出故事的同時，我們就在「**轉身**」：面對自己生命的不完美，也就在那個片刻，我們與自己的靈魂深深相逢了。這是一個深邃美好的靈性片刻。這也就是厄尼斯特・科茲〔註二〕所說的：「**靈性始於接受我們自己**

的不完美。」

當人可以面對自己的不完美時，於是人才懂得謙卑。也因為人可以接受自己的不完美，才能對他人產生慈悲心。這就是不完美的禮物，也是靈性的操練。

作者布芮尼·布朗是一個很會說故事的人。她的演講與書之所以迷人，是因為她很會講故事，而且是說自己不完美的故事。卸下教授高高在上的面具，敘說著**自己不完美的故事**（她連去看心理治療都可以告訴你），使得她深深與自己連結，並與他人靠近。

人活著，「快樂比完美更重要！」布朗說得沒錯。我舉雙手贊成。現在的人真的活得太緊張、壓力太大了，這不只造成我們不快樂，更是叫我們身心健康亮起紅燈的原因。讓自己活得快樂一些，是每個人無法逃避的責任。現在起，請**允許生命可以偶而失控、並接受自己的不完美**，否則，快樂永遠像天上的星星一般，遙不可及。

我很喜歡這本書，它讓我真實地擁抱自己的不完美，使我完整。

「我不完美、你也不完美；不過，這都沒關係，真的沒有關係！」〔註三〕人活著，其實可以輕鬆一點。輕鬆，是一種能力。如果你也想具備這樣的能力，首先，你得知道一件事：不完美不只是生命的必然，它更是生命的禮物。

註釋：

一、《故事的療癒力量》，心靈工坊，二〇一二年九月出版。出版半年已經六刷。

二、《誰能寫出玫瑰的味道》（*The Spirituality of Imperfection*）一書作者。這本書的英文書名原意是：不完美的靈性。剛好與這本書所要表達的意涵，不謀而合。

三、這句話出自《誰能寫出玫瑰的味道》一書。

【名人推薦】

這本書讓我們學習看見自己的不完美，更重要的學習與獨特的自己相處！讓自己好過，善待自己，我們就容易與世界和好。

——盧蘇偉（世紀領袖文教基金會創辦人）

很久以前我就知道，「完美」是一個陷阱，一種並不存在的假相；追求完美不但徒勞無功，而且令人緊繃。接受真實的自己，才能放鬆。因此我喜歡書中寫的：「放棄成為完美，並且開始努力成為自己。」自在的人生，從放下對完美的執念開始。

——彭樹君（作家）

完美與否都是頭腦的評斷，與事實無關；本書將幫助你停止懷疑，享受事實的真相。

——賴佩霞（魅麗雜誌發行人、心理諮詢師、企業培訓師、暨南大學國際關係博士候選人）

本書幫助我更能接納並欣賞自己的不完美，最令我觸動的是，我竟從自己的不完美中，看到並經驗到更真實且全然的生命之美！

——謝文宜（實踐大學社會工作學系副教授）

【作者序】

一趟勇敢的旅程

揭露自己的故事，並且在過程中愛自己，
會是我們所行之事中，最勇敢的一件。

一旦看出某些行為是出於模式，我們就無法視而不見。相信我，我試過。但同樣的事實不斷重現，要假裝這只是巧合實在太難。舉例來說，不管我多麼努力說服自己只需要六小時睡眠就能正常運作，但只要睡眠不足八小時，我就會沒耐性、焦慮，還會四處尋覓醣類食物。這就是一種模式。我還有一種很糟糕的拖延模式：我總是重新整頓整間屋子，藉此延遲動筆寫作。我還浪費太多時間和金錢購買辦公用品和收納系統。沒有一次例外。

不能對於傾向視而不見，是因為我們的心智原本就是精心設計用來尋求模式，並為模式選派意義的。人類是建構意義的族類。也不知是好還是壞，我的心智確實調整到精於此道。我費時多年接受這方面的訓練，這也是我目前的謀生方式。

身為研究者，我觀察人類行為，辨識與確定有哪些細微連結、人際關係和模式能幫助我們為自己的思考、行為和感受賦予意義，並為之命名。我熱愛我的工作。獵尋模式十分美妙，事實上，在我整個職業生涯中，只有對私人生活以及自己羞於承認的弱點上，試圖「視而不見」。但就在二〇〇六年十一月，一頁頁研究結果猶如當頭棒喝，一切都改變了。頭一次，我在職業生涯中，迫切想要無視我的研究結果。

在此之前，我的研究集中在羞愧、恐懼、脆弱等等困難情緒。我寫過幾篇跟羞恥有關的學術文章，也在心理衛生與成癮專業中發展出一套「羞愧復原力」的課程，還完成一本討論羞愧復原力的著作，書名是**《我以為只有我》**（*I Thought It Was Just Me*，暫譯）。

我蒐集了全美國數以萬計的、十八到八十七歲形形色色男女的故事。在這過程中，我發現了一種新模式，我很想更深入去弄清楚這種模式。是的，我們都會跟羞愧以及「怕自己不夠好」的心理奮戰，而且的確有許多人深怕真實的自己被別人看見。但在這疊堆積如山的資料中，卻有一個又一個的故事，男女主角們過著令人讚嘆且發人深省的生活。

從這些故事中，我聽見了「擁抱不完美與脆弱」的影響力。我學到喜樂與感恩之間密不可分的關連，我也明白了我以為沒啥了不起的事情（例如休息和玩樂），都跟營養和運動一樣，對健康同等重要。這些研究參與者信任自己，而他們談論真實、愛和歸屬的方式，也令我耳目一新。

我想要以整體的觀點來探討這些故事，因此抓起文件夾和簽字筆，在標籤上寫下腦海中出現的第一個詞彙：**全心投入**。當時我還不確定這是什麼意思，但是我知道放在這個檔案裡面的，都是用全心去活、用全意去愛的人生故事。

我對所謂的**全心投入**充滿了疑問。這群人重視什麼？他們如何在生命中創造這麼強大的復原力？他們最擔憂的是什麼，又是如何解決和應對？**全心投入**的生活是可以創造出來的嗎？要付出什麼代價，才能培養出所需要的條件？會有什麼阻礙呢？

我著手分析這些故事並尋找重複出現的主題時，發現這些模式大致可以分成兩類。當初為了簡化，我把這些模式標示成**要的**和**不要的**。要的這一欄填滿了有價值、休息、玩樂、信任、信念、直覺、盼望、真實、愛、歸屬、喜樂、感恩、創造，諸如此類的字眼。不要的那一欄塞滿了完美、麻木、確定、筋疲力竭、不求人、酷、融入、評斷和匱乏等這類詞彙。

我初次從壁報紙前起身、退後，一覽全貌時，倒抽了一口氣。這比看到令人咋舌的標價還要震驚。還記得我當時喃喃自語：「不不不，這怎麼可能？」

即便這是我自己寫的清單，讀起來還是很嚇人。我編碼時，會一頭栽進研究員模式（mode）中。我會全神貫注於精準捕捉我在故事裡聽見的東西，不會用自己的觀點去思考，只會思考研究參與者是如何敘述的。我不會多想某個經驗對我的意義，只會思索它對故事主人翁有什麼意義。

我坐進餐桌前的紅椅，久久凝視這兩欄清單；雙眼漫無目標地上下左右掃瞄。我還記得自己坐在那兒熱淚盈眶、雙手摀嘴，像個前一刻剛收到噩耗的人。

事實上，這的確是個噩耗。原本我以為自己會發現**全心投入**之人所做之事正與我不謀而合：努力工作、循規蹈矩、沒有做對誓不罷休、不斷設法更認識自己、嚴格遵循書中步驟教養孩子……

研究了羞愧這類棘手主題十年，我真心相信自己夠格從研究中獲得確據，證實我「活得正確」。但下面是我那天學到的艱難的一課（而且到現在我仍然在學）：

認識和理解自己固然十分重要，然而要全心投入生活，還有一件事情更加重要，那就是珍愛自己。

認識自己很重要，但前提是，在努力逐步認識真我的過程中，要能溫柔善待自己。**全心投入**是擁抱自己的弱軟和脆弱，但同等重要的，**全心投入**也是培養知識和宣告權力。

而或許那天嚴重打擊我到近乎窒息的教訓中，最痛苦的是：資料清楚顯示，我們自己沒有的，也給不了孩子。我們在全意去活、全心去愛的旅程中走到了哪一步，比起親職指南裡面學來的任何招數，更能標示出我們為人父母是否成功。

這趟旅程需要用心，也需要用腦，端坐壁報紙前的我，在那個哀淒的十一月天裡，清楚體會到，我所缺乏的正是用心。

我終於起身，抓起桌上的簽字筆，在**不要的**清單底端畫了一條橫線，接著在橫線下方寫了個「我」。這張清單的總結，近乎完整地描述了我的掙扎。

我雙臂交叉緊抱胸前，陷入椅子裡思考。**這下可好，我過日子的方式和這張臭清單上的東西一字不差。**

我在屋裡來回踱步將近二十分鐘，想要還原整個發現歷程，設法對於剛才揭露的新發現視而不見。但這已是不可抹滅的事實。我回不去了。所以我做了次佳的舉動：把所有壁報紙方方正正地摺好，塞進大型塑膠收納箱中，放到床底下，就在聖誕節包裝紙的旁邊。不到二〇〇八年三月，絕不打開這個箱子。

接下來，我幫自己找了一位非常優秀的治療師，展開了一整年認真的心靈工作，徹底改變了我的人生。時至今日，聊起我的初次會談，治療師黛安娜和我依然會同聲大笑。黛安娜治療過許多治療師。她不過是照例問我：「發生什麼事了？」我就拉出一張要的清單，非常實事求是地說：「這張清單上的東西，我需要加強。給我明確的訣竅和工具應該會有幫助。不必深入。不必探討童年陰影，也沒有別的議題。」

那一年好漫長。我在部落格中深情地將這一年稱為崩解**靈性甦醒的二〇〇七**。感覺上，那像是書本知識崩解的一年，而黛安娜則稱之為靈性甦醒年。我認為兩種說法都對。事實上，我開始自問，這兩者是否實為一體的兩面，缺一不可。

這個釐清工作會發生在二〇〇六年十一月，自然並非巧合。所有使靈性崩解的元素都已各就各位：我剛結束無醣飲食計畫、生日早已過完（生日向來是我反思的時機）、工作倦怠，而且我正面臨中年釐清的轉折點。

人們或許會將中年經歷稱為「危機」，但事實並非如此。中年經歷的是釐清——這個階段中，你會迫切感到一種拉力，督促你活出自己想要的生活，而不再是你「應該」過的日子；這個階段中，整個宇宙也會挑戰你，要求你放下自以為應當的樣子，轉而擁抱真實的自己。

中年，自然是一趟重大的釐清之旅，但人生路上還有其他時候也需要釐清內心：

* 結婚
* 離婚
* 成為父母
* 復原
* 搬遷

＊空巢

＊退休

＊經驗失落與創傷

＊從事消耗心靈的工作

宇宙絕不乏警訊。只不過我們太快按下消音按鈕。

後來我才發現自己得面對的心靈工作既麻煩又深入。我一路艱難地走過，疲憊不堪，腳上還沾滿了溼答答的爛泥，但有一天我發現：「喔天啊，我覺得不一樣了。我感覺到喜悅和真實。我還是會怕，可是我也感覺到真正的勇氣。有些事情改變了——我打從骨子裡感覺得到。」

我感到前所未有地健康、喜樂、感恩。我也感到更加冷靜和踏實，焦慮明顯降低。我重新點燃創作生活，以嶄新的方式與親友重獲連結；更重要的是，我這輩子頭一次感覺到做自己非常自在。

我學會了要多關心自己的感受，少操心「別人可能怎麼想」。我設定新的界限，開始放下討好、表現和完美的需要。我開始說不，不再說是

（卻事後怨恨、惱怒）。我開始說「對了，就是要這樣！」，不再說「聽起來很好玩，可是我有好多工作沒做」，也不再說「等到我＿＿＿＿（變瘦、比較有空、準備得更好）之後才要有所行動。

我在黛安娜的陪同下，努力完成屬於我的全心投入的旅程。過程中，我閱讀了將近四十本書。靈性甦醒的回憶錄、傳記、論文，只要是我能夠蒐集到的我都有。這些都提供了非常好的引導。然而我依舊迫切希望擁有一本可以提供啟發、資源，而且基本上足以稱為心靈旅伴的指引手冊。

有一天，當我盯著床頭櫃上幾大疊岌岌可危的書本時，我突然明白了！我要把這次的經驗寫成回憶錄。我要說一個故事。故事裡，這個憤世嫉俗、自以為聰明的學者，是如何絲毫不差地轉變成為自己終其一生嘲諷的刻板典型。我還會招認自己如何在中年更新復原，變成一個講究健康、有創意、感性同理的靈性追求者，又如何變得可以連續數日苦思恩惠、愛、感恩、創造力、真實這類主題，而且超乎想像地快樂。我稱之為**全心**

投入。

我還記得當時的念頭：我得在下筆寫回憶錄前，先用這個研究結果，寫成一本**全心投入生活指南**！不到二〇〇八年中旬，我寫的筆記、日誌和許多成疊的資料早已塞滿了三個大型收納箱。我為新研究所投入的時間，更是難以計算。我萬事俱備，包括撰寫您手上這本書的熱情，我也有了。

命中注定的那個十一月天，當清單呈現眼前，而我深刻體悟自己並非全意生活、全心去愛的時候，我不完全心服口服。看見清單還不足以使我徹底相信。我必須向極深之處挖掘，並且有意識地選擇相信……相信自己、相信活出不同方式的可能性。即便有過無窮的疑問、流過無盡的眼淚，也在這一切之後累積了多不勝數的喜悅時刻，但幫助我「看見」的，是「相信」。

我現在了解，揭露自己的故事，並且在過程中愛自己，會是我們所行之事中，最勇敢的一件。

我現在看清，培養**全心投入**的生活與設法抵達終點是不同的；前者比較像是走向天上的星星。我們永遠無法真正抵達，但很肯定的是，我們知道自己正朝著正確的方向邁進。

我現在明白，為何唯有實踐，且天天實踐，勇氣、仁慈、連結這類禮物才會發揮效益。

我現在看懂，為何出現在「**十大路標**」中的**培養**和**放手**的工夫，其本質不同於「待辦事項清單」。那不是我們能夠完成或取得，然後從清單上劃掉的東西。那是生命的功課，是心靈的工作。

對我來說，相信了才會看見。唯有我先相信，才能夠看見我們如何能真正地改變自己、家人和社群。我們必須找到全意生活、全心去愛的勇氣。與您共享這趟旅程，是我的榮幸！

前言

全心投入的生活

坦露自己的故事或許很艱難，
但遠比不上終生逃避來得辛苦。
唯有當我們勇於探索黑暗面時，
才可能發現自身光明面的無限力量。

全心投入的生活，是以肯定自我價值為前提，投入我們的生活。這意味著你要培養勇氣、仁慈、連結，清早醒來可以這樣想：不管我做了多少、有多少還沒做，我都夠好了。而深夜入睡前可以想：**沒錯，我的確不完美、脆弱、偶爾會害怕，可是這不會改變事實，那就是我也很勇敢，並且值得擁有愛和歸屬。**

旅程

全心投入的生活不是一種單次性的選擇，而是一個過程。事實上，我相信這是一趟終生的旅程。我的目標是讓人覺察和明白有什麼選項能引領我們進入**全心投入**的境界，我也會將從許多全心投入生活與愛的人身上所學到的東西，分享出來。

任何旅行，包括這趟旅程，啟程之前都得討論要帶什麼行李。先該具備哪些條件，才能擁有飽滿的自我價值，去生活和去愛？應該如何培養這些條件，並且放下阻擋我們前進的事物？要如何擁抱不完美？這些問題的答案，就是勇氣、仁慈和連結。這三項工具，是我們在這趟旅途中披荊斬棘時不可或缺的。

那可好，那我乾脆變成打擊完美主義的超級英雄算了嘛。如果你有這樣的念頭，我完全理解。勇氣、仁慈和連結，似乎是過於遠大浮誇的理想。但如果在現實生活中能充分練習，這些日常的實踐都會成為生命中不可思議的禮物。值得慶幸的是，正因我們有脆弱之處，才迫使我們呼喚這些奇妙的工具。因為我們是活生生的人，不完美得如此美好，才得以天天練習運用這些工具。如此一來，勇氣、仁慈和連結都成了禮物——不完美所帶來的禮物。

在本書中，我首先會在「行前準備一」解釋我所知道的勇氣、仁慈和連結是什麼意思，以及這三者為何是發展自我價值的工具。

一旦大致清楚旅程中所需的工具之後，我們就會在「行前準備二」中向前邁進，討論核心議題：愛、歸屬、價值。我將回答我在職業生涯中最棘手的問題：愛是什麼？我們能否愛一個人卻又背叛他？為何我們經年累月對融入人群的需要，會破壞真正的歸屬？我們能否珍愛生命中的他人（如伴侶、子女），比愛自己更多？我們如何定義何謂有價值？還有為何我們到頭來往往需要努力贏取價值，而不是相信自己本來就有價值？

旅程總免不了遭遇障礙，**全心投入**的旅途也不例外。因此在「行前準備三」中，依照我的研究發現，我會探討全意生活、全心去愛之時會遭遇的最大障礙，及發展穿越障礙和培養復原力（resilience）的有效策略。

接下來，我們會探討**全心投入**之旅中的十大路標，引導你一步步走向正確的方向，而且可在日常中實踐。一章介紹一個路標，每個路標皆以故事、定義、金句、點子詳加解說，為我們生活與珍愛的方式做出刻意而明智的選擇。

關鍵時刻

本書會使用許多含義廣泛的字眼，例如：愛、歸屬、真實。我認為有必要將日常生活中大家不求甚解的模糊字眼給定義清楚。我也認為，如果定義下得好，這些概念就易於理解、容易實踐。我設法用一種能幫我們拆文解字、細究意涵的方式，來為這些字眼下定義。當我們深入探究，穿透令人感覺良好的表面字義，發掘出使人投入**全心投入**生活的日常活動和經驗，就能看見人們是如何給驅策他們行動、信念和情緒的概念下定義的。

舉例來說，研究參與者談到了某個概念，例如愛，那我就會小心翼翼地用他們經驗到愛的方式來界定愛。這樣做，有時會需要發展新的定義（我也的確重新定義了愛和其他許多詞彙）。還有些時候，我是在既有文獻中，找到充分捕捉了研究參與者經驗精髓的定義。**玩樂**就是個好例證。玩樂是**全心投入**生活中很重要的元素。我研究這個主題的時候，發現了司徒爾特·布朗博士（Dr. Stuart Brown）令人讚嘆的研究。因此，我不新創定義，而是採用他的研究，因為那精準反映了我從研究中獲得的資訊。

我明白定義會激發爭論和異議，但我十分坦然。我寧可大家辯論重要的字義，而非置諸高閣、不聞不問。我們需要共同語言來幫助我們創造全**心投入**生活中必要的元素——覺察和理解。

向深處挖掘

二〇〇八年初，我的部落格剛成立不久，我貼了一篇文章，談的是打碎我「向深處挖掘的按鈕」。你知道這個「向深處挖掘的按鈕」是什麼吧？

有些時候，你已經累到骨子裡，卻得要再一次半夜起床、再洗一堆髒衣服、再趕一班飛機、再回一通電話；或者有些時候，即使你很想向某人比完中指然後就悄悄找好掩護躲起來，但是卻還必須討好、表現、做到完美。像這些時候，你仰仗這顆按鈕。

「向深處挖掘的按鈕」是條祕密底線，當我們筋疲力竭、不堪重負，事情太多、時間太少、自顧不暇時，一超過底線，我們就靠蠻力撐過。

我在部落格文章中說明了我決定不修復這個「按鈕」的原因。我承諾自己要在感覺情緒、生理、靈性枯竭的時候，嘗試放慢腳步、不去依賴那些咬牙硬幹、頑強堅持、打落牙齒和血吞的老方法。

這招管用了一段時間，但我想念按鈕。我懷念過去枯竭、低落的時候有所依賴。我需要一個工具掘開去路。於是，我試圖從研究中，找出與**全心投入**生活比較一致的挖掘方式。也許有其他方式，比咬牙硬撐來得強。

我發現了這個：**全心投入**生活的人的確會「向深處挖掘」。只不過他們的手法不同。他們筋疲力竭、不堪重負的時候會——

D．刻意（Deliberate）：藉由禱告、默想、立定心意，刻意去改變想法、行為。

I．激勵（Inspired）：明智選擇與先前不同的新選項。

G．行動（Going）：前進、採取行動。

有此發現後，我便開始用這個新方法來「向深處挖掘」，效果令人驚豔。我最近迷失於網路世界，就是個好例子。我不好好工作，卻在臉書（Facebook）上不花大腦地閒晃，又在電腦上做些無關痛癢的瑣事，藉此自我麻痺。但這些行為對放鬆於事無補又毫無生產力，平白虛耗了大量時間和精神。

我嘗試了新的「向深處挖掘」法——刻意、激勵和行動。我告訴自己：「如果你覺得掛在網路上很有趣、很放鬆，可以藉此充電，那就放手去玩。如果不能，就另外找些會真正放鬆的事。例如能振奮精神的活動，別搞些消耗心靈能量的事。最後，最重要的是，起來行動！」我闔上筆電，簡短禱告提醒自己要疼惜自己，然後看完一部電影，這部影片裝在線上租片信封裡，擺在我桌上超過一個月了。這才是我真正需要的。

這不是「向深處挖掘」、靠蠻力撐過的老方法。我不強迫自己開始工作，也不逼自己做點有生產力的事情。相反地，我用禱告的態度，刻意而體貼做了讓心力回復的事情。

說明路標的每一章都包含一個「向深處挖掘」的單元，幫助我們思考如何刻意而明智地抉擇與行動。我分享了我個人「向深處挖掘」的策略，也鼓勵你發展出自己的方法。這些新策略比過去「靠蠻力撐過」的方法有效太多。

我想貢獻的是……

這本書包含了許多深具影響力的主題，諸如疼惜自己、接納、感恩。我不是頭一個討論這些主題的人，而且我肯定不是最聰明的研究者，也不是才華洋溢的作家。不過，我相信我是第一個說明這些主題如何個別作用、共同作用，並進而培養出全心投入的生活方式的人。而或許更重要的是，我是以多年研究羞愧和恐懼的學者立場來討論這些主題的第一人。

不知道有多少次，我很想放棄羞愧研究。職業生涯致力於令人神經過敏的研究，是很難熬的。我曾有多次棄甲投降，告訴自己：「太難了，不玩了！能研究的好主題多得很，我要甩掉這個題目！」我並未選擇研究羞愧和恐懼；是這兩個研究找上我。

現在我終於明白，原來這些正是我需要的——無論在專業或個人層面上，羞愧與恐懼的研究，是為了**全心投入**的任務而預備的。我們可以一直談論勇氣、愛和同情，彷彿朗誦滿屋子勵志卡片，但唯有願意坦承對話、討論是什麼攔阻了日常生活的實踐，否則我將永遠、永遠無法改變。

勇氣聽來很美好，但我們有必要討論，為何想要擁有勇氣就必須放下別人的看法，而這令許多人卻步。仁慈是人人嚮往擁有的，然而我們是否願意審視為何設定界限和說不，是仁慈的關鍵要素？是否就算會讓別人失望，我們仍肯說不？歸屬是**全心投入**生活的另一項基本要素，但首先我們必須自我接納。但為何自我接納如此費力？

我動筆寫書之前就不斷自問：「這本書為什麼值得寫？我希望這本書

有什麼貢獻？」很諷刺的是，對於愛、歸屬、價值的延續討論，我自認所能提供最有價值的貢獻，竟是從我身為羞愧研究者的經驗延伸而來。

進入**全心投入**的研究之前，我已經很了解小魔怪和**充滿羞恥感的自我對話**如何使人感到害怕和渺小。這份洞察力促使我分享改變生命的真實策略。如果想要知道為什麼大家都很害怕讓別人看見和認識真實的自己，就必須了解羞愧和恐懼的力量。若我們無法勇敢面對「**永遠不夠好**」以及「**你以為你是誰啊？**」這種問題，便無法向前邁進。

我多麼希望，以前深陷於羞愧研究時，在遭逢絕望和挫敗的時候，我能夠早點懂得我現在了解的道理。在我們展開旅程前，我要告訴你的這段話，如果我能回到從前，向著自己的耳邊低語，我也會同樣告訴自己：

坦露自己的故事或許很艱難，但遠比不上終生逃避來得辛苦。擁抱自己的弱點會有風險，但遠不如放棄愛、歸屬、喜樂——諸如此類使人極度脆弱的經驗——要來得危險。唯有當我們勇於探索黑暗面時，才可能發現自身光明面的無限力量。

行前準備一

勇氣、仁慈、連結：不完美帶來的禮物

我們對自己和他人施展仁慈的時候，
便邀請了仁慈進入生命之中；
而伸出雙手、建立關係的時候，
就會在生活中感受到連結。

在日常生活中實踐勇氣、仁慈和連結，正是我們培養價值的方法。**實踐**是其中的關鍵字。神學家瑪麗・達利（Marry Daly）曾經寫道：「勇氣如同一種習性、習慣、美德，是藉由勇敢的行為而獲得的。就好比學游泳得下水游才學得會；學會勇氣也得憑藉勇敢的行動才行。」仁慈和連結也是如此。我們對自己和他人施展仁慈的時候，便邀請了仁慈進入生命之中；而伸出雙手、建立關係的時候，就會在生活中感受到連結。

我想要在界定和討論這些概念如何作用之前，先讓你了解這些概念在真實生活中如何攜手合作——也當作我自己的練習。我用親身故事來說明向外伸手求援的勇氣、身為「過來人」的仁慈，以及滋養了價值感的連結。

羞愧風暴中的職業槍手

不久之前，一所大型公立小學的校長和家長會會長邀請我為一群家長演講，談論復原力與界限（resilience and boundaries）之間的關連。那段期間，我正巧在蒐集全心投入的親職與學校這方面的資料，所以這個機會讓我非常興奮。但我對於自己即將陷入的麻煩卻渾然不知。

踏進學校禮堂的瞬間，我感覺聽眾席中散發出一種很詭異的氣氛。這群家長似乎相當激動。

我詢問校長是怎麼回事，她卻聳聳肩走開。家長會會長也並未對此多加說明。我猜想是自己神經過敏，便設法不去想它。

校長介紹我的時候，我坐在最前排的位置。這類經驗總是讓我非常不自在。台上對我歌功頌德，我卻暗自強忍住反胃和逃跑的衝動。好吧，這次介紹可說真是超乎我過往經驗。

校長大致上是這麼說的：「今晚即將聽到的信息，你們未必會喜歡；但是為了孩子，我們還是得聽。布朗博士今天要來轉化我們的學校、改變我們的生活！無論我們樂意與否，她都會指正我們！」

她的語調高亢而充滿挑釁，聽起來像是已經徹底惱火。我還以為是摔角狂熱電視節目在介紹我，只不過現場少了熱力舞曲和炫目的舞台閃光燈。早知如此，我應該一站上講台就先來段聲明：「我感覺非常不自在。來到這裡，我很興奮；但我絕非為了指正任何人而來，也不希望你們認為我企圖用一個小時來改變貴校。現在是怎麼回事？」

但是我沒有這麼做。我在毫無防備的情況之下，以「研究者」兼「努力掙扎的母親」的觀點，逕自開始演講。話既出口，覆水難收。這些家長並不領情，我感到全場聽眾對我怒目而視。

有一位男士，不偏不倚就坐在講台前的座位上。他雙臂抱胸，緊咬牙關，頸部青筋暴露，每隔三、四分鐘就在座椅上大肆蠕動一番，並且翻白眼，用力嘆氣。我從未聽過有誰嘆氣如此用力，聲量大到難以稱之為嘆氣，還比較像是從鼻孔裡哼氣！糟糕的是，鄰座聽眾顯然因他的行為而感到顏面盡失。我依舊對於聽眾對我的不滿一頭霧水，但這位男士則讓全場的人整晚都感到難以忍受。

我在教學和帶領團體方面經驗豐富。我知道如何處理這類情況，而且通常得心應手。遇到有人搞破壞，只有兩種選擇：忽略他，要不就是先來個中場休息，以便私下面質他的不當行為。但是這個非比尋常的經驗使我驚慌失措，我做出最糟糕的選擇：我設法留給他好印象。

我開始提高聲量，演說愈發生動，還引用足以嚇壞任何一位家長的統計數字。出於討好，我奉送了我的真實，拚命列舉各種**「你們最好把我的話聽進去，不然你的孩子國小三年級就會輟學、搭便車、嗑藥、身上帶剪**

刀逃家」的案例。

沒事。什麼事也沒發生。

沒有人點頭，也沒有人咧嘴微笑，台下聽眾完全無動於衷。我只不過成功嚇壞了其他兩百五十位早已慍怒的家長。真是一場災難。試圖說服或贏取那種人的贊同永遠是個錯誤，因為那意味著以自我真實去交換認同。我捨棄相信自我價值，轉而動手向外爭取。天啊，我竟企圖向外爭取。

演講結束，我立刻抓起隨身物品，連走帶跑，逃回車上。駛離停車場的片刻，我兩頰逐漸滾燙。我感到渺小卑微、心臟狂跳。方才的瘋狂行徑在眼前自動重播；我設法壓制，卻無能為力。羞愧的風暴正醞釀成形。

每當羞愧的狂風從四面八方襲擊而來，我企圖設法守住我的信念，或是回想自己的任何優點，都近乎天方夜譚。我會立刻陷入負面的自我對話（self-talk）：「上帝啊，我是大白痴。我為什麼要那樣做啊？」

我的研究專業和個人工作帶給我最好的禮物就是能夠當下辨識自己的羞愧現象。首先，我清楚自己羞愧時的生理症狀是——口乾舌燥、分秒難捱、鑽牛角尖、臉頰發燙、心跳加速。我知道若腦海中出現痛苦事件場景以慢動作重複播放，正是我的羞愧警訊。

而我同時曉得，就算完全違反直覺，這種時候最該做的是**實踐勇氣、向外尋求援手！**人人都需要坦露自己的故事，並且與某位夠資格的人分享。這人是個我們相信會以仁慈回應我們的人。我們需要勇氣、仁慈、連結。愈快愈好。

羞愧厭惡我們向外伸手求援、把自己的故事說出來。羞愧不喜歡被言語環繞：一旦分享，羞愧便無法苟活；羞愧喜愛隱密。經歷羞愧之後最危險的事情就是躲避或者將羞愧的故事掩蓋起來。一旦遮掩，羞愧便如同癌細胞四處轉移。我記得自己當時放聲說：「我現在就得找人說說。布芮妮，妳要勇敢！」然而仁慈和連結有其微妙之處：我們不可以隨意找人訴說，因為事情並非那樣單純。我有許多好友，但當我身陷黑暗羞愧之中，能夠讓我放心會實踐仁慈的可靠朋友屈指可數。

與錯誤對象分享羞愧經驗，等於輕易在危險風暴中丟進另一片飛舞的破瓦殘礫。在類似情境中，我們需要的是穩固的連結——穩固得如同緊緊抓牢土地的大樹。因此分享時，有些類型的朋友絕對要避免：

1.這類朋友聽見你的經歷，會為你感到羞愧。她倒抽一口氣，認定你應當嚇壞了。一陣尷尬的沉默之後，接下來你還得反過來安慰她。

2.這類朋友用憐憫而非同理來回應你（憐憫是我好替你難過；同理是我懂、感同身受、有過類似經驗）。你若想激起一場令人羞愧的龍捲風暴，只消丟出一句：「唉！你好可憐喏！」或者來一句美國南方偏激又暗諷對方愚蠢的消極攻擊式憐憫：「我真是太、太同情你了！」，就可以如願以償。

3.這類朋友把你當作價值和真實的支柱。聽到你的不完美，她會悵然若失，不可自抑。你讓她失望了。

4.這類朋友無法安然面對弱點，於是責備你：「你怎麼會讓這事情發生呢？你在想什麼啊？」或者她會幫你找到責怪的對象：「是誰？我幫你扁他！」

5. 這類朋友只想把事情變好。出於本身的不自在，她拒絕承認你的確也會有抓狂、選擇下下策的時候：「你太誇張了啦。沒有那麼糟糕。你很棒、很完美。大家都很喜歡你啊。」

6. 這類朋友把「連結」和證明他比你厲害的時機搞混淆了。「這沒什麼嘛。聽聽我某一次的遭遇吧！」

的確，我們都有能力成為「這種類型的朋友」——尤其當別人的故事直接踩到我們羞愧的痛點時更是如此。我們是活生生的人，不完美而且脆弱。但如果我們仍在跟自我真實奮戰，或是自我價值感失衡時，就很難實踐仁慈。當我們尋求仁慈，我們需要的對象必須腳步穩固、內心柔軟，更重要的是，能夠同時擁抱我們的優點和掙扎。這樣的對象才有資格聆聽；而我們需要藉著與這類對象分享，來為我們的掙扎賦予榮耀。尋求仁慈，要在正確的時刻以正確的議題，與正確的對象產生連結。

我撥了通電話給妹妹。我是直到「崩解靈性甦醒的二〇〇七」那一年，才開始打電話給弟弟妹妹，尋求羞愧風暴中的支持。我比弟弟年長四歲，比雙胞胎妹妹年長八歲。在二〇〇七年之前，我還是個自詡為成熟完美（其實是拘泥、優越、論斷）的大姊。

艾旭莉很了不起。她聆聽，而且回應中充滿了仁慈。她有勇氣挖掘自身在價值感方面經歷過的掙扎，因此能夠真誠與我的經驗連結。她絕妙地說出誠實和同理的話語：「天啊，真的好難喔。我有類似的經驗，那種感覺很差！」也許別人不以為然，但她所說的，正是我最想聽到的。

艾旭莉並未因我的經驗引發的風暴而大驚失色、隨之起舞。她也不至於毫無彈性而立刻批判、責備我。她並未試圖糾正我或安慰我；她只是聆聽，並且有勇氣與我分享她本身的軟弱。

我感到完全敞開，同時得到全然的愛與接納（這對我而言就是所謂的仁慈）。相信我，羞愧和懼怕無法容忍這一類於人際間逐漸高漲的強力連結。這也就是為何勇氣、仁慈、連結是我們全心投入的旅程中必備的工具。總而言之，若我願意讓自己在乎的人看見我並不完美，就能增強我們現有的關係——這也是我為何將勇氣、仁慈、連結稱為不完美的禮物。若

全心投入是擁抱自己的弱軟和脆弱，但同等重要的，全心投入也是培養知識和宣告權力。

你我願意不完美而真實，這些禮物的供應便會源源不絕。

現在來個快速後續報導：摔角大賽（也就是家長會演講）大約一週之後，我才發現原來那所學校有問題——家長徘徊不去——整天待在教室裡面，干預教學和課堂管理。校長和家長會會長並未知會我，逕自要求家長出席聆聽我演講，還告訴他們，我去的目的就是要告訴他們為何必須停止這樣的行為。換句話說，我被人設計，成了對抗家長的空降傭兵。這是不對的。我也許不支持家長徘徊教室，但我也不是處理親職議題的職業槍手。諷刺的是，因為我對問題渾然不知，演講中根本沒有談到這類主題。

請記得這個故事，然後讓我們更仔細檢視每一項全心投入的概念，以及這些概念如何攜手合作。

勇氣（Courage）

勇氣是我生命中的重大主題。我好像不是祈求得到些許勇氣，就是感恩自己找到了一點點勇氣，再不然就是欣賞別人有勇氣，或者研究勇氣。

我不認為自己因此與眾不同。每個人都希望自己勇敢。

訪談許多人的生活真相，也就是了解了他們的優勢和困境之後，我理解到勇氣是**全心投入**生活的人所共有的最重要特質之一。我還發現**全心投入**所必備的勇氣只有一種，那就是**平凡的勇氣**。這怎麼說呢？

勇氣courage的字根cor，是拉丁文中**心臟**的意思。依照最早期的一個字形，**勇氣**在當時的定義與今日大異其趣。勇氣最原初的意義是「真心誠意說出心中所想」。時光推移，勇氣的定義也跟著改變，時至今日，勇氣幾乎成了英勇的同義詞。英勇很重要，我們無疑也需要英雄，但我認為現在勇氣的定義與原先「坦誠和開放地將真正的自己、內心感受和自己的正負面經驗表達出來」的概念之間，已經失去連結。英勇通常指的是甘冒生命危險。**平凡的勇氣**則是甘冒**脆弱**的危險，而這對現在的人來說，格外不平凡，舉世皆然。

如果留心，我們每天都可見證勇氣。人們求助時，如同我向艾旭莉尋求支持，我們看見勇氣。課堂中的學生舉手說：「我完全聽不懂，不清楚您在講什麼。」此時我看見勇氣。明明知道周圍的人都懂，還敢說出這句「我不懂」，你可明白這需要多大的勇氣？我教學超過十二年，當然曉得若是有個人鼓起勇氣說：「我不懂。」那麼班上起碼還有另外十多位學生也心有同感。這些學生或許不敢冒險，卻肯定因某人挺身而出而獲益。

我在女兒愛倫身上看見勇氣。深夜十點半，她從睡衣派對中打電話要求我：「媽，妳可以來載我回家嗎？」我接她上車之後，她告訴我：「對不起，我不夠勇敢，想家了。真的好難。大家都睡著了，所以我得去黎碧媽媽的臥房吵醒她。」

我把車停在車庫外，下車繞到愛倫的後座位置，讓她坐進去一些，然後在她身邊坐下。我說：「愛倫，我認為妳把自己的需要說出來，是妳做過最勇敢的事情。我有好幾次在派對和睡衣派對留宿的經驗非常糟糕，因為我不敢開口說要回家。我以妳為榮。」

第二天吃早餐的時候，愛倫說：「妳說的話我想過了。我可以很勇敢地再要求妳一件事情嗎？」我微笑了。「我下週末還有另一場睡衣派對，妳願不願意在睡覺時間來接我？我還沒有準備好要睡在那邊。」這就是勇氣，是我們可以更多加使用的那種勇氣。

我甘冒承受脆弱和失望的風險時，我也從自己身上看見勇氣。許多年來，我對自己非常渴望的事，例如受邀在特殊會議、推廣活動中演講，或接受廣播節目訪問，都會假裝沒那麼在乎。若有朋友或同事問起，「電視台要採訪妳，興奮嗎？」我就會聳聳肩膀說，「不知道耶。反正沒什麼大不了的。」其實，我暗自禱告能夠實現。

直到過去這幾年，我才學習到，在事與願違時，降低興奮這種把戲不會令痛苦消失，然而在如願以償時，這種把戲卻定然會將喜悅削減至最低，還會造成嚴重孤立。一旦貶低事情的重要性，就不太會有朋友打電話來說：「我很遺憾你未能如願。我知道你原本很開心有這個機會。」

現在若有人問起某個令我興奮的潛在機會，我多半會實踐勇氣，說：「有這個可能性我好開心。我很想保持現實感，可是真的好希望能實現啊。」事與願違的時候，我也能拿起電話告訴相挺的朋友：「還記得我跟你說過的那個活動嗎？沒有了。好失望啊。」能這麼做向來令人安慰。

我最近見證另一件平凡勇氣的實例。兒子查理的幼兒園邀請家長出席一場假日音樂會，由小朋友擔綱演出。場面可想而知——台上二十五位小朋友唱歌，台下五十幾位家長、祖父母、兄弟姊妹，操作著三十九台攝影機。家長人手一台相機猛按快門、爭先恐後讓孩子們知道自己已經到場。

除了觀眾席間的騷動之外，班上有個新來的三歲女娃從表演開始一直哭到結束，因為她從臨時搭建的舞臺上看不見媽媽。搞了半天，原來是她媽媽遇上塞車、卡在路上，錯過了表演。她母親到達現場時，我正好跪在教室門口跟查理說再見。從我的角度向上仰望，看見這女娃的母親從大門衝進來之後，即刻目光橫掃全場找女兒。我正準備站起來指給她看，她女兒就在教室後方老師的懷裡，這時另一位母親從我們身旁走過，兩眼直盯著這位緊張的媽媽，還搖搖頭，翻了個白眼。

我起身，深呼吸，試圖說服自己按捺住衝動，別追上那個翻白眼、自以為高人一等的母親，好好踹她屁股一腳。就在這時候，又有兩位母親走

全心投入的生活，是以肯定自我價值為前提，投入我們的生活。這意味著你要培養勇氣、仁慈、連結。

上前來，向著這位遭受白眼而熱淚盈眶的母親微笑。其中一位伸手搭住她肩頭說：「我們都做過同樣的事。上次我錯過了沒來。而且我不是遲到，是壓根兒不記得。」我見到這位遲到的媽媽臉部表情逐漸緩和，伸手抹去眼淚。第二位看著她說：「我兒子是睡衣派對裡唯一沒有穿睡衣的——他到現在還會抱怨那是他這輩子最爛的一天。慢慢就會沒事的。我們都有相同的經驗。」

等到這位母親走向教室後方正在接受老師安撫的女兒時，她已經冷靜下來。我相信面對飛撲而來的女兒，這份冷靜來得正是時候。那兩位母親駐足分享自己不完美和脆弱的故事，正是在實踐勇氣。她們花時間停下腳步說：「這是我的故事，你不孤單。」其實她們大可不必停下來分享；更可以輕鬆加入完美家長的行列，趾高氣昂地從這位遲到的母親面前走過。

這些故事都鮮活地展現出勇氣是有漣漪效應的。我們每一次選擇勇氣，就能讓身旁的人更好過一點點，也讓這個世界更勇敢一些些；或許也會讓我們所處的環境中，多保有一份仁慈和勇敢。

仁慈（Compassion）

為了準備撰寫一本有關羞愧的書，我閱讀了所有能夠蒐集到的有關仁慈的資料。我最後發現我在訪談中所聽到的故事，與美國佛教比丘尼佩瑪·丘卓（Pema Chödrön）的著作之間，有明顯相符之處。她在《轉逆境為喜悅》（*The Places That Scare You*）一書中寫道：**「然而慈悲心的修練卻要我們親自體驗一下對痛苦的恐懼。這項修練需要極大的勇氣。其中涉及到學習放鬆，允許自己輕柔地趨近那些令我們恐懼的事物。」**

佩瑪·丘卓的闡釋令我喜愛之處，在於她談及「實踐慈悲心（仁慈）之時的脆弱」所展現的誠實。若我們像檢視勇氣的字源一樣，也仔細地檢視仁慈的字源，就能明白為何仁慈不是我們對磨難的典型初步反應。**仁慈**一字源於拉丁文的pati與cum，意味著「共受磨難」。我不認為仁慈是我們的**預設回應形式**（default response）。我認為人類面對自己或他人痛苦的第一個反應是自我保護。我們尋找歸咎的對象來保護自己，或是使用論斷或立即跳進糾正模式，以求自我庇護。

為了超越自我保護的傾向，丘卓教導我們，在面對自己於何時、以及如何封閉自我時，必須誠實和寬容。她說：「我們必須透過完整的經驗培養慈悲心，包括我們的痛苦、我們的同理心、我們的殘忍以及我們的驚恐。只有如此才能有所成就。慈悲心並不是介於治療者與受創者之間的一份品質。只有在平等的對待中，它才會存在。一旦認清了自己心中的黑暗，就能同理別人心中的黑暗。一旦在自己身上發現那些普世共通的人性，慈悲心就真的出現了。」

在我的故事中，艾旭莉願意進入我所經歷的黑暗之中陪伴我。她沒有以幫助者的姿態出現，也沒有設法糾正我。她只是單純陪伴我；以平等的立場，在我費盡心力設法度過情緒風暴的時候，握住了我的手。

界線與仁慈

實踐仁慈時，最重大卻也最少被提到的障礙之一，就是害怕「設立界線並要求人們為行動負責」。我知道這聽來古怪，但我相信自己因為了解了界線、為行動負責、接納與仁慈四者之間的關係，而變得更加仁慈。我經歷崩解之前，比較溫柔體貼——其實是內心論斷、怨恨、憤怒——但只是外表親切可人。現在，我認為我的仁慈更加真誠無偽，少了些論斷、怨恨，對於界線更認真看待。我不清楚這樣的組合從別人眼中看來如何，但我的內在卻感到很有力量。

開始這項研究前，這些概念，每一個我都很熟悉，但還不明白其間的關聯。訪談期間，我發現許多真心承諾實踐仁慈的人，也正是最有界線意識的人，我驚訝極了。有仁慈心的人，是有界線的人。這令我目瞪口呆。

我在當中學習到的是：仁慈的心，其實就是接納的心。

我們愈能夠接納自己和他人，就有愈強的仁慈心。的確，若有人傷害我們、占我們便宜，或者欺人太甚，要接納他們並不容易。研究使我明白，如果真心想要實踐仁慈，我們必須開始設立界線，並且讓人們為他們自己的行為負責。

我們生活在一個相互指責的文化中——我們想要知道是誰的錯，還有他們該用什麼方式付出代價。從個人、社會，乃至於政治環境，我們經常尖聲叫囂、伸手指責，卻很少讓人為行動負責。但這怎麼可能？我們因為怒吼抱怨而筋疲力竭，最後導致無力發展具有意義的行為後果並且貫徹執行。我認為從華府、華爾街到學校和家庭，這種「狂怒—責備—過度疲乏—忙於堅持到底的心態」，正是我們自以為是的憤怒如此沉重，而仁慈之心卻如此淡薄的緣故。

多仁慈一點，也更堅定些，不會更好嗎？少一些憤怒，多為自己的行為負責任，我們的生活會有什麼不同？如果我們減少責備、尊重界線，工作和家庭生活會是什麼樣貌？

日前我受邀為一群企業領袖演講。他們設法處理公司內部困難重重的組織再造工作。其中一位專案經理告訴我，他聽了我說利用羞愧做為管理工具的危險性之後，他擔心自己羞辱了團隊成員。他說他極度挫敗時，會在團隊會議中揪人出來，批判工作成效。

實踐仁慈時，最重大卻也最少被提到的障礙之一，就是害怕「設立界線並要求人們為行動負責」。

他解釋：「我氣死了。有兩個部屬，就是不聽話。我把專案的每個細節都解釋過了，還跟他們核對過，確定他們都聽懂了。結果他們還是按照自己的方法去做。我別無選擇。我覺得被逼到牆角而且我已經氣炸了，就在同事面前狠很批了他們一頓。」

我問他，他要這兩名沒有遵守專案程序的員工，如何負起行為責任，他反問：「妳說的行為責任是什麼意思？」

我解釋：「你核對確認他們都理解你的各項期望和目標之後，你有沒有說明，如果不依照計畫或未達成目標，會有什麼樣的後果？」

他說：「我不談後果。他們知道遵守程序是本分。」

我舉例告訴他一個辦法：「好吧，那如果你告訴他們，要是下次再違反程序，你就要提交書面報告，或給他們正式警告；還有要是一犯再犯，就要請他們走路？」

他搖頭說道：「喔，不要。那太嚴重了。那我還得把人事部門的人牽扯進來。會很麻煩的。」

設立界線和要求人們承擔行為責任，的確比羞辱和責備來得費事，然而卻有效得多。光是羞辱和責備，卻沒有行為責任，這會毒害伴侶、家庭、組織和社群。首先，我們羞辱和責備他人的時候，焦點就從原本受到質疑的行為，轉移到我們自己的行為上來。這位主管在同僚面前羞辱這兩位員工之後，有待商榷的反而是他本身的行為。

此外，如果我們對合宜的行為後果無法堅持到底，別人就學會把我們的要求當作耳邊風，就算我們的要求聽起來像是威脅或最後通牒也沒用。我們要求孩子不准把衣服扔在地板上，但如果不聽話的唯一後果只不過是幾分鐘怒吼，那麼子女認為我們未必真心重視這件事情，那也不足為怪。

我們很難理解，如何能夠同時仁慈、接納他人，又要求他們承擔自己的行為責任。事實上這的確可以理解，而且是上上之策。我們因此毋須嚴加責備或貶低，就可以當面質問某人的行為、開除員工、當掉學生、規範子女。關鍵在於，將人與行為分開，強調所作所為，而不是人的本質（下一章我將對此多做說明）。設法兼顧仁慈與界線會令人感到不舒服，而貼近自己不舒服的感覺也很重要。此外，先說服自己對方是可憎的、活該的，才能夠在要求他人承擔責任時感覺好過些，這種念頭也要避免。這是麻煩的源頭。

要先說服自己討厭某人，才能夠稍感自在地要求對方承擔行為後果，就等於為自己預備羞辱和責備的局面。

我們無法設立界線並要求他人承擔責任時，會覺得被利用和被錯待。這也就是為何有時候我們會對他人的本質發動攻擊，而人身攻擊遠比強調行為或選擇來得傷人。為了自己著想，我們必須了解，深陷羞愧和責備，或滿懷自以為是的憤怒，都會傷害我們的人際關係，對我們一點好處也沒有。從怨恨出發，也不可能實踐仁慈。如果要實踐接納和仁慈，我們需要界線和行為責任。

連結（Connection）

我為連結所下的定義是：人與人之間感覺受到理解、傾聽和重視時，

能夠毫無論斷地施與受時，或得以從關係中獲得滋養與力量時，這其中所存在的能量，我稱之為連結。

那次談話之後，艾旭莉和我都感到深刻的連結。我知道自己得到了理解、傾聽和重視。儘管我當時很害怕，仍然能夠向外尋求支持和協助。而我們兩人都感到內心更強壯、更滿足。事實上兩、三個星期之後，艾旭莉說：「妳那天打電話來，我很難形容自己有多高興。我這才曉得，做那類事的不是只有我。我也很開心知道我有能力幫助妳，還有妳那麼信任我。」連結帶來連結。

其實我們生來就會連結，連結是生物性的。打從出生起，我們就需要連結才能夠在情緒上、生理上、靈性上、智力上茁壯成長。十年前，人們可能會把「生來就會連結」當成是多愁善感的說法，或是新時代（New Age）的概念。現在我們知道連結的需求不僅是一種感覺或直覺，而是自然科學。更確切來說，是神經系統科學。

丹尼爾．高曼（Daniel Goleman）在《SQ-I-You 共融的社會智能》

（*Social Intelligence: The New Science of Human Relationships*）一書中探討生物學與神經系統科學的最新發現，是如何證實了我們生來就會連結，又證實了人際關係如何塑造我們的生理和經驗。高曼的書上說：「即使是最慣常的經驗都會在大腦中產生調節作用，為我們預備各種情緒，有些可悅，有些則否。我們與某個人的情感連結愈強烈，相互影響的力量就愈大。」令人驚喜（但不驚奇）的是，人際關係中所體驗到的連結，會影響我們腦部發展和運作的方式。

我們先天的連結需求，使得連結中斷的後果更加真實與危險。有時候我們是自以為有所連結。例如科技已成為一種假冒的連結，讓我們在實際上並未連結時誤認為有所連結——至少不是以我們需要的方式連結。這個科技「瘋」行的世代，我們將交談與連結感混為一談。單是連上網路，不代表就會有人聆聽我們，或是我們就會被理解。事實上，高度頻繁的通訊可能意味著人們耗費更多時間在臉書上，而不是與自己在意的人面對面交談。我走進餐館，不知有多少次看見父母親各自專注於手機，而孩子在一旁忙著傳簡訊或玩電動。同桌吃飯的意義何在呢？

當我們思索連結的定義，以及將科技誤認作連結有多麼容易時，我們也同時需要考慮放下所謂「自立自強」的迷思。連結的最大障礙之一，就是我們的文化中所看重的「靠自己」的觀念。不知怎麼回事，我們將成功和不需要他人畫上等號。你我之中大多數人都樂意伸出助人援手，但自己有需要的時候，卻極不願意求助於人。這彷彿將世界一分為二，一半是「援助者」，另外一半是「求助者」。真相是，我們兩者都是。

從全心投入生活的男男女女身上，我獲得許多關於施與受的體認。不過沒有比這個更重要了：

如果沒有坦然接受的胸懷，就沒有真正坦蕩施予的氣度。以價值判斷的角度看待接受幫助，也會有意無意地以價值判斷的角度看待施予援助這件事。

多年以來，我以家族中的幫助者自居，並且重視這個角色。我會在危機中伸出援手、提供資助或給予建議。我向來樂於幫助，卻從來不打電話向弟弟、妹妹求援，尤其不會在羞愧風暴中向他們尋求支持。那個階段的我，會強烈否認自己的慷慨給予之中帶著價值判斷。現在的我，卻了解到自己是如何由從不求助和不斷付出之中，獲得自我價值。

崩解階段中，我需要幫助。我需要支持、安慰和建議。感謝上帝！向弟弟、妹妹求援徹底改變了我們的家庭動力。他們容許我崩潰、不完美，我也從他們身上分享到力量和非凡的智慧。如果連結是人際之間如浪潮般洶湧奔騰的能量，我們就必須記住，這些能量必須是雙向流通的。

全心投入之旅並非阻力最少的路徑，而是自覺與選擇的道路。老實說，會與傳統有些許對立。願意訴說自己故事、感受他人的痛苦，並且在連結中斷的世界裡保持真心連結，若非全心全意，是做不來的。

實踐勇氣、仁慈、連結，就是面對人生、看著身邊的人說：「我全心投入。」

行前準備二

探索愛與歸屬的力量

愛是我們生命中最重要的事物，
是我們會為之而戰或因之而死的熱情，
但我們卻遲疑著不願說出愛的名稱。
我們因為缺乏合適的字彙，
甚至不能直接談到或想到愛。

——黛安．艾克曼（Diane Ackerman，美國知名作家）

愛與歸屬是不可或缺的人性經驗。我進行訪談時發現，有些人能感受深刻的愛與歸屬，有些人卻遍尋不著。將這兩種人區分開來的，**只有一個關鍵**，那就是**是否相信自己有價值**。這道理既單純又複雜：如果我們想充分體驗愛與歸屬，就必須相信自己值得擁有愛與歸屬。

我們能放下別人的想法並坦露自己的內心時，就能夠貼近自己的價值——那種感覺是，現在的自己是夠好的，並且值得愛與歸屬。耗費終生試圖跟不符「理想我」的那部分自我保持距離，就等於站在自己的故事之外，不斷試圖表現、力求完美、討好、證明，來向外索討自我價值。但其實，價值感——幫助我們通往愛與歸屬的關鍵性元素——就活生生地存在於我們自身之中。

對大多數人而言，最大的挑戰就是相信現在，眼前這一刻的自己，是有價值的。價值是沒有先決條件的。太多人曾經刻意製造、無意中容許，或傳承了一長串想擁有價值必須先具備的先決條件：

* 等我減重十公斤，我就會有價值。
* 如果能懷孕，我就會有價值。
* 如果能夠清醒、保持不醉酒，我就會有價值。

* 如果大家公認我是好父母，我就會有價值。
* 等我能夠依靠藝術創作養活自己，我就會有價值。
* 如果保住了婚姻，我就會有價值。
* 等我成了合夥人，我就會有價值。
* 等我父母終於認同我了，我就會有價值。
* 如果他回我電話、邀我出去，我就會有價值。
* 等我能夠獨立完成任務，而且看起來不費吹灰之力之時，我就會有價值。

全心投入的真正**核心**是：現在就有價值。沒有「如果」，也沒有「等我……時」。我們現在就值得愛與歸屬。就是現在，以我們本然的樣貌。

若要坦白自己的故事、宣告自己有價值，除了忘掉所有先決條件之外，另一個關鍵就是更深入認識愛與歸屬。說也奇怪，我們迫切需要愛與歸屬，卻很少談論這兩個概念的本質和如何作用。現在我們來看看這兩個

在現今世界中，選擇真實和價值，百分之百是一種對抗。選擇全心去活、去愛，是叛逆的行為。你會讓很多人感到困惑、生氣、驚嚇——也包括你自己。

概念。

定義愛與歸屬

許多年來，我避免在研究中使用愛這個字，因為我不知道如何為愛下定義，也不認為「好了啦，你知道的嘛，就是愛啊」這種定義會令人滿意。我也無法倚賴名言或歌詞。就算歌詞、名言深具啟發並道出真相，卻不符合我身為學者的訓練。

我們是如此地需要和渴求愛，卻甚少投入時間討論愛的意義。想想看，你也許天天說「我愛你」，但上一回你跟別人認真討論愛的意義，是什麼時候的事了？照這樣來看，愛倒成了羞愧的鏡像。我們盡量避免掉進羞愧的處境，而且不願談論羞愧的經驗。然而唯一解除羞愧的方式就是談論它。也許我們害怕愛與羞愧這類主題；大多數人喜歡安全、肯定、清晰的主題，然而羞愧與愛卻根植於脆弱與善感。

另一項人性經驗之中不可或缺、卻鮮少為人談論的，是歸屬。

大多數人將**融入**和**歸屬**兩個名詞交錯使用。就跟你們許多人一樣，我深諳融入之道。我們知道如何恰如其分地爭取認同和接納，知道如何穿著、說話、討人歡心、避免何種不當話題——我們向來知道如何隨著環境變換保護色。

這項研究中最讓人驚訝的事情之一，就是**融入**和**歸屬**不可混為一談。事實上，融入阻礙了歸屬。融入是衡量情境，變成適當的樣子以得到接納。歸屬則**不需要改變**自己；也就是說，只需要**做自己**。

與你分享我的定義之前，我想標明三項我認為是**真相**的議題。

愛與歸屬永遠難以捉摸。連結和關係是人生中最重要的元素，卻偏偏無法精準衡量。關係性的概念不能轉譯成電腦閱卷答案卡的量化答案。人際關係和連結，產生在人與人之間一種無法界定、難以完全確知或理解的空間內。所有冒險嘗試解釋愛與歸屬的人，都是冀望盡一己之能來回應一個沒有答案的問題。我也不例外。

愛與歸屬同歸一類。我的研究中最驚人的發現之一，是某些名詞會成對出現。例如，我無法將愛與歸屬的概念分別開來。因為人們說起其中一個，必然提及另外一個。喜樂和感恩這兩項概念也是如此，這我會在後續章節中討論。就像生命故事中，情緒與經驗的交錯連結如此緊密，故而人們說起情緒就無法不提到經驗，反之亦然。這樣的夾纏牽連並非偶然；而是有目的。愛與歸屬同歸於一類。

對於這一點我非常肯定。搜集這麼多故事後，我樂意說真相是：**深刻的愛與歸屬感，不分男女老少，是一種不容削減和化約的需求。**我們天生就是要在遺傳上、認知上、生理上、靈性上去愛、被愛，並得到歸屬。當這些需求得不到滿足，我們便無法如常運作。我們會變得破碎、崩潰、痲木、隱隱作痛、傷害他人、生病。固然還有其他因素會造成疾病、痲木、傷害，但是缺了愛與歸屬，卻必然導致痛苦。

現在來看看我耗時三年，從十年訪談中琢磨出來的定義和概念。

改變令人不自在、也往往帶著風險，尤其當我們談到擁抱自己的不完美、培養真實以及正視世人目光說：「我是夠好的」之時更是如此。

愛

允許別人深刻看見和認識自己最脆弱和最有力量的部分，並尊重因信任、尊重、仁慈、情感而產生的靈性連結，這就是培養愛。

愛，並非我們所能施與或取得的；愛只能加以滋養和增長。唯有心中均存有珍愛之意的雙方，才能養成愛的連結——我們珍愛他人的程度，頂多只能夠與珍愛自己的程度等量齊觀。

羞愧、責備、不尊重、背叛、不表達愛，這些都會損傷愛的根源。唯有傷害得到承認、醫治、撫慰，愛才能留存。

歸屬

歸屬是人類與生俱來的欲望。我們希望成為比自己更大的本體的一部分。這種渴望非常原始，因此我們經常試圖藉著融入群體、尋求認同來得到歸屬。然而這些都不過是歸屬感的空洞替代品，而且往往是獲得歸屬的阻礙。因為只有在我們向世界呈現真實而不完美的自己時，真正的歸屬才會產生。你我的歸屬感絕不會超過我們自我接納的程度。

我發展這些概念之所以耗時甚久，其中一個原因是我不想面對真相。若我研究的是鳥類排泄物對栽植土的影響也就罷了，但是我研究的東西涉及個人，往往便有切膚之痛。有時候，我在資料中琢磨類似上述概念的定義時會掉下淚來。我不希望我愛自己的程度會限制我愛子女和丈夫的程度。為什麼這麼說？因為相較之下，愛他們並且接納他們的不完美，比起檢視是否以愛與仁慈對待自己，的確來得容易太多。

如果審視愛的定義，並且思索愛自己意味著什麼，就會發現愛自己的含意是很明確的。實踐珍愛自己，意味著學習信任自己，並且以尊重、仁慈、溫柔來對待自己。由於我們大多數人是如此嚴峻待己，珍愛自己便形同苛求。我知道自己絕對不會想要拿我和自己對話的方式，來跟別人說話。你我之中有多少人會不假思索便對自己說「天啊，我好笨哪」或「要命，我簡直是個白痴」？稱呼心愛的人是笨蛋或白痴，便與愛的實踐失去一致。同樣地，用這樣的方式對自己說話，對於自我珍愛也會造成嚴重的損傷。

值得留意的是，我為歸屬下定義時，使用了與生俱來和原始這兩個詞。我確信歸屬存在於我們的DNA之中，而且多半與我們最遠古的生存本能有關。在這個完美主義的社會中，要培養自我接納既已如此困難，而生理又賦予我們歸屬的需求，無怪乎人們終其一生試圖融入群體，向外尋求認同。

所以這樣說就輕鬆得多：「只要我能感受到自己是這裡的一份子，你要我變成什麼人或什麼樣子，我都可以。」從幫派到八卦，只要我們相信那樣做能滿足我們的歸屬需求，就會不計代價設法融入。但事實並非如此。唯有當我們拿出最真實的自己，他人欣然接受我們原本的樣貌，我們才能夠得到歸屬。

實踐愛與歸屬

自始至終將愛視為行動而非感覺，是一種方式，
所有以這種態度使用這個字眼的人，
主動承擔責任，勇於當責。

——貝爾·胡克絲（Bell Hooks，美國女性主義作家）

雖然我在個人與專業層面上，因愛與歸屬的定義而深感苦悶，但我必須承認，這些概念已經從根本改變了我的生活和教養子女的方式。我疲倦、緊繃的時候難免對人脾氣暴躁、指責連連——對丈夫史狄夫，更是變本加厲。若我真的愛他（天啊，我真是愛他），那麼我每天的行為舉止就跟每天說「我愛你」同樣重要，甚至更重要。若無法將愛實踐在自認所愛的人身上，我們會被掏空。不一致的生活會讓人筋疲力竭。

這也促使我思考**宣稱**愛與**實踐**愛之間的重大差異。不久前，我上廣播

電台接受訪問，主持人談到當時接二連三爆發的名人外遇緋聞，他問：「有可能愛一個人，卻同時在外拈花惹草，或是惡劣地對待這個人嗎？」

我沉思許久，然後根據我的研究，盡我所能回答：「我不確定是否能夠同時愛一個人，卻又背叛或殘酷地對待他。不過我確實知道，背叛或刻薄寡恩，就不是實踐愛。而就我而言，我想要的不僅是對方開口表達愛意，而是每天在我身上實踐他所說的愛。」

這些定義不僅幫助我理解人們眼中所謂的愛，也同時迫使我承認，培養**自我珍愛**與**自我接納**並非可有可無的小事，也不是閒來無事才檢視一番的活動。自我珍愛與自我接納是你得優先考慮的事。

我們能夠愛別人比愛自己多嗎？

自我珍愛與自我接納的概念，對我而言，到目前為止都還是一項革命性的思考。所以二〇〇九年初，我在部落格中問讀者對**自我珍愛的重要性**的看法，還有對「**我們愛別人的程度無法比愛自己更多**」的觀點又有什麼想法。結果，這個主題的留言區出現了相當情緒化的辯論。

有些網友激烈反對珍愛他人必須先珍愛自己的觀點。另一些則主張，我們實際上可以藉由珍愛他人，學會如何更加珍愛自己。還有幾位只留下類似這樣的話：「感謝破壞我美好的一天——我不想思考這種問題。」

其中兩段留言，都用了十分單刀直入的言詞來談論這些觀念的複雜性。分享如下。

集心理衛生專業人員、作家、和攝影師多重身分於一身的賈絲婷·華倫泰寫道：

> 從我的孩子身上，我學會了真正無條件地珍愛，學會了在情緒惡劣的時候有憐憫，也學會了更加無私。當我看著與我極為神似的女兒，我看見自己兒時的樣貌。這提醒了我要善待住在自己裡面的那個小女孩，如同接納親生女兒一般。我對女兒們的愛，讓我想要變成更好的人，並且設法更加珍愛與接納自己。不過話雖如此，疼愛我的女兒，仍然比珍愛自己容易……

或許換個方式說明會更清楚：我的案主有不少是正努力戒煙和其他癮頭的母親。她們疼愛子女比珍愛自己更多。她們厭惡自己，自毀一生，往往毀壞身體到難以康復的程度。她們自述厭惡自己，卻非常疼愛子女；相信自己的孩子可愛，但認定自己不討人喜歡。光看表面，可能會有人說，沒錯，其中某些母親是愛子女比愛自己更多。但是，珍愛子女，難道是指你不會刻意用毒害自己的方式來毒害孩子嗎？我們處理的多半是二手菸這類議題，起初大家以為二手菸沒太大危險性，吸菸只會傷害自己。但數年之後才發現，二手菸是會嚴重致命的。

日間接受治療師訓練，晚上用化名經營部落格的部落客芮那．卡布寫道：

很肯定地，若非所愛之人的啟發，我們的愛與仁慈不會到達如此前所未有的境界。然而要真正衡量這番境界的高度，往往必

> 須深入探討我到底是誰、內在的光明與幽暗、善良與邪惡、愛與破壞，並且自我釐清，才能夠更多愛別人一些。因此我不確定珍愛自己與珍愛他人，是可以二選一，還是必須同時並存。我們狂烈地愛著別人，或許比我們認定的自愛程度還高。但是那份狂熱的愛原本應當驅策我們深入自我，使我們學會對自己仁慈。

我同意賈絲婷和芮那。珍愛與接納自我，是勇氣的極致實踐。身處於讚美「將自己擺在最後」的社會中，高唱「自我珍愛」和「自我接納」近乎革命。

如果想要參與這場革命，必須理解愛與歸屬的原理。我們必須理解自己在什麼時候、為了什麼會想要爭取價值，而非宣告自己有價值；而我們也必須理解是**哪些障礙**阻擋了我們。任何一趟旅程都會面臨障礙，**全心投入之旅**也不例外。下一章，我們將探索我所發現，以全心去愛與生活時的最大障礙。

行前準備三

旅途中的攔阻

如果我們想要用全意去活、用全心去愛，
如果我們想要從富自我價值之境出發，與世界交會，
我們就必須討論障礙——特別是羞愧、恐懼、脆弱。

二〇〇八年，我接獲邀請，為一項名為**高階經驗組織**（The UP Experience）的活動演講。這項活動十分特別。因為我非常欣賞贊助活動的那對夫婦，所以毫不猶豫，興高采烈地一口答應。

大家都知道，事未臨頭時，霧裡看花總有模糊的美感，對吧？這件事

正好就是這樣。

我在二〇〇八年底接受邀請後，就壓根兒忘記這回事了。到了二〇〇九年，高階經驗官方網站公布了演講者名單。要說名單上都是名聲響叮噹的人物，一點也不為過。而我名列其中。活動海報是這樣宣傳的：「全世界最令人興奮的十六位思想領袖和演說家。讓您眼界大開的一天！」

這可把我嚇壞了。我無法想像自己要跟這些大人物同台演說：羅伯·巴拉德（Robert Ballard，找到鐵達尼號沉船位置的海洋考古學家），加文·紐森姆（Gavin Newsom，舊金山市市長），尼爾·迪格拉斯·泰森（Neil deGrasse Tyson主持美國諾瓦計畫並經營海頓天文館的天體物理學家），還有大衛·普樂夫（David Plouffe，歐巴馬總統競選活動的幕後天才推手）。而這只不過是十五位之中的四位罷了。

除了設法應付心虛的感覺之外，演說形式也讓我膽顫心驚。這次活動仿照TED大會演說（www.ted.com），每位講者都只有二十分鐘，跟所謂的C字級人物（C-suite，也就是首席管理階層）分享自己最創新的觀念。

這群聽眾中絕大多數是組織中的執行長、財務長、營運長、資訊長。他們每個人都交了一千美金來參加這一整天的活動。我看完演講名單之後，馬上打電話給朋友珍恩·雷曼，把名單上面的名字向她朗讀了一遍。唸完以後，我深深吸了一口氣說：「這樣我可沒把握。」

雖然在電話中，遙遙相隔數千公里，我都彷彿看得見她搖著腦袋說：「布芮尼，放下妳的量尺。」

我火冒三丈：「妳什麼意思啊？」

珍恩回答：「我了解妳。妳已經在想，要怎樣在三十分鐘之內把妳的演講搞得超學術又超複雜。」

我還是沒搞懂。「對啊。我當然要很學術的啊。妳看到講員名單了嗎?他們都很……很……很成熟的嘛！」

她笑了。「妳要我幫忙查查他們幾歲嗎?」

我啞口無言。

珍恩解釋：「是這樣的，妳是學者沒錯，可是妳最精采的東西不是腦袋裡的；是那些打從心裡說出來的話。如果妳把妳最擅長的——講故事——拿出來，講真故事，誠實地說，就沒問題了。」

我掛上電話，翻起白眼心想：「講故事！妳不是說笑吧？要不要我乾脆配上一段木偶戲啊？」

我準備演講通常花上一、兩天。我從來不寫講稿，可是通常會準備投影資料，然後知道我大致上要講什麼。但是這次不是這樣。木偶戲說不定還容易些。好幾個星期了，我就是準備不出來。完全沒輒。

距離演說大約兩個禮拜的一個傍晚，史狄夫問我：「高階的演講妳準備得怎樣了？」

我一下子就哭了出來。「準備不出來。連個屁影子也沒有。我做不來。我得製造一場假車禍或什麼的才行。」

史狄夫在我旁邊坐下，拉住我的手：「怎麼了？妳不是這樣的。我看妳準備演講，從來不會這樣沒頭緒。這些事情妳很在行的啊。」

我把臉埋進掌心，喃喃說道：「我卡住了。滿腦子都是幾年前的那次

無論我們多麼害怕改變，最終必須回答：不理會別人的想法比較危險，還是放棄自己的感覺和所相信的事情比較危險？

恐怖經驗。」

史狄夫驚訝地說：「什麼經驗啊？」我解釋：「我沒跟你講過的經驗。」他靠過來等著。

「五年前我搞砸了一場演講，從來沒有那麼悽慘過。我現在很害怕噩夢重現。」

對於我隻字未提的災難經驗，史狄夫簡直難以置信：「到底什麼回事？怎麼沒有告訴我？」

我從桌邊站起來說：「我不想講這個。愈講我會愈糟糕。」他握住我的手，把我拉回桌邊，然後用一種「我等了一輩子好不容易能以其人之道還治其人之身」的表情看著我說：「難道不容易談的事情，我們就不需要談了嗎？說出來不是比較好嗎？」我累得無力爭辯，於是說出事情原委。

五年前，我第一本書出版時，有人找我去幫一個女性聯誼午餐演講。我本來很興奮。因為就跟**高階經驗**一樣，那次是跟一群「一般人」演講。是一般的企業人士，而不是治療師或學者。其實，那是我第一次對一般聽眾演講。

我提早到場，活動地點是個時尚奢華的鄉村俱樂部，我向負責活動的女士自我介紹。感覺上她永無止盡地打量我好久以後，才吐出一串宣判詞似的簡短歡迎詞：「妳好，妳看起來不像個做研究的。我要介紹妳。給我妳的履歷。」

這個變形版的「我也很高興見到妳」未免太讓人不安了吧。好，算了。我把履歷交給她，但這才是一切完蛋的開始。

她才讀了三十秒，就倒抽一口氣轉向我，扶正老花眼鏡，厲聲說：「上面說妳是個研究羞愧的，真的假的？」

我頓時成了校長室裡十歲的學童。我垂下頭囁嚅著說：「是的，女士。我是個研究羞愧的。」

她緊憋的嘴唇突然爆出幾個字：「妳—還—研—究—別—的—什—麼—嗎？」

我說不出話來。

「有──嗎？」她逼問。「有。我還研究恐懼和脆弱。」

她一邊顫抖，一邊倒抽一口氣：「我原先聽說妳蒐集的，是如何更加愉悅、在生活中擁有更多連結和意義的研究資料。」

原來如此。她對我一無所知。一定是有人跟她提到我，可是又沒有把我研究主題的本質說清楚。這也難怪。

我試圖解釋：「我研究的不盡然是『如何』變得愉悅，或是生活中擁有更多意義的『方法』。這方面主題我懂得很多，因為我主要研究的是有哪些東西阻礙了喜樂、意義和連結。」她一語不發，轉身離開房間，留下我一人呆立現場。

真諷刺。研究羞愧的專家陷進了一灘叫作「我不夠好」的水窪裡。

再過幾分鐘，她回來了。眼光掠過我的頭頂說：

「妳得照我說的這麼做：

第一，妳不准談那些攔阻愉悅的東西。妳得談怎麼做。那才是大家想聽的。大家只想知道方法。

第二，絕對不准提到**羞愧**兩個字。大家在吃飯。

第三，大家想要的是自在和愉悅。就這樣。要保持愉悅、自在。」

我震驚得呆立在那裡。過了一會兒，我聽見她說：「可以嗎？」我還來不及開口，她就代替我回答：「很好。」

然後，她走開時一邊回頭跟我說：「輕鬆、活潑。大家喜歡輕鬆、活潑。」生怕我沒聽懂，她還張大手掌，揮舞手臂比劃著「輕鬆」、「活潑」的樣子（請想像前英國首相柴契爾夫人模仿歌舞片知名導演鮑伯・佛西的模樣）。

整整四十分鐘，我整個人麻木地站在這群聽眾面前，重複著不同版本的「愉悅是好的。快樂真是太好、太好了。我們全都應該愉悅，還要有意義。因為這些真是**他媽地好**。」

聽眾席上的女士們只顧著微笑、點頭、吃雞腿。對我來說，卻彷彿天殺的浩劫一場。

故事說完了，只見史狄夫搖著頭，一張臉皺得跟包子一樣。他原本就不喜歡上台演講，這下子依我看，他十之八九是一邊聆聽我的災難故事，一邊忙著處理自己的焦慮。

可是說也奇怪。講完了，焦慮也少了。事實上，我才剛講完，就感覺出不一樣。我終於懂了。我的工作——我——還有我耗費十年功夫的研究，全都跟「半路上的攔阻」有關。我不是談「方法」的那種人，因為，十年來我從沒見過任何證據支持只談如何做卻略過阻礙不談這種「方法」有效。

坦露這個故事，使我可以用十分強而有力的方式，以研究者的身分來宣告我是誰，並且建立我的影響力。我看著史狄夫，不由得微笑了。我不研究「如何」這種東西。

五年來，我頭一次體會到那位鄉村俱樂部的女士並非衝著我來，也無意破壞我的演講。如果真是那樣，她荒謬的限制就不會對我那麼有破壞性。她的設限條件象徵了我們文化中的恐懼。我們不想要不舒服的感覺。我們只要一張速食清單來告訴我們「如何」才能快樂。

我不是他們想找的那種人。我從來就不是。請不要誤會，我非常樂意跳過生澀僵硬的話題，但那偏偏就是行不通。我們不努力，就不會改變、不會成長，也不會向前邁進。如果我們真心想要活得愉悅、有連結、有意義，那就必須討論那些障礙。

除非我坦露自己，並且把故事說出來，否則我就是容許了「快速小撇步」和「簡單五步驟」這類東西阻擋我的專業價值。既然我已坦露並說出了那個故事，我就看清了一件事，那就是當我追尋亮光之時，我對於黑暗的了解為我的追尋添加了內容和意義。

我很開心，因為我在高階經驗的演說真的很成功。我還講了那個「輕鬆、活潑」的故事。其實那有點冒險，但我推測，就算是C字級的人物也會在自我價值方面有所掙扎。活動結束兩週以後，我接到主辦人來電：「恭喜妳！聽眾評分出來了，妳的演講在當天演講中排名第二！而且就妳的研究主題來說，妳可是匹黑馬呢！」

底線是：

如果想要用全意去活、用全心去愛，如果想從富自我價值之境出發，與世界交會，我們就必須討論障礙——特別是羞愧、恐懼、脆弱。

榮格學派的圈子裡，羞愧通常被比喻為靈魂的沼澤地帶。我並不建議深入沼澤、搭篷設營。我做過那樣的事，所以奉勸你，靈魂的沼澤是個有必要造訪的地方，卻絕非久居之地。

但我建議，要學習如何穿越沼澤。我們必須了解，如果坦白自己的恐懼之後，卻站在岸邊想像接下來會發生什麼災難，那將比握住可信同伴的手穿越沼澤來得痛苦。而且最重要的是我們必須了解，為什麼一邊緊盯沼澤對岸——自我價值等候你我之處——一邊企圖踩穩腳下變動無常的泥土，遠比親身跋涉渡過沼澤難多了。

「如何」是一條媚惑的捷徑，這我很明白。如果可以繞路，又何必穿越？但這讓人進退兩難：既然我們已經知道「如何」的真相，為什麼「方法」仍如此迷人，讓我們繼續原地徘徊，索求更多喜悅、連結和意義？

閱讀這本書的讀者，多半都懂得如何吃得健康。我可以告訴你體重監

若我們無法勇敢面對「永遠不夠好」以及「你以為你是誰啊？」這種問題，便無法向前邁進。

察員（Weight Watcher）網站為大賣場陳列的每一項食物所標列的點數。南灘飲食法第一階段（South Beach Phase I）的採購清單和每項食物的血糖指數，我也可以如同宣讀「效忠美國誓言」般倒背如流。

我們也知道要如何善用金錢。我們知道如何照顧自己的情緒需要。我們全都知道，然而……

我們是有史以來最肥胖、最多看病、最多上癮、最多負債的美國人。怎麼會這樣呢？我們比以前更容易取得資訊、書籍、可靠的科學，但是為什麼我們卻經歷著前所未有的掙扎？因為我們明知有哪些事物對於自己、子女、家人、組織還有社群的益處有所阻礙，卻絕口不談。

我可以知道所有飲食健康該知道的事情。可是如果哪天愛倫的學校作業卡住、查理上學時想家、我設法趕上截稿期限、國家安全局提高戒備、我家草皮枯黃、我的牛仔褲穿不下、經濟不景氣、上不了網路，還有我們家裝狗屎的袋子用完了——管他的啦！這種時候我只想拿南瓜蛋糕、薯片、巧克力來撲滅如同油鍋上滋滋作響的焦慮。

我們都要等到生病了、忙得超過人類極限了、迫切尋求麻木和麻醉了、充滿焦慮和自我懷疑而無力實行我們明知有益於己的事情了，這才來討論暴飲暴食的原因。我們絕口不談爭取自我價值一事，但爭取自我價值已儼然成為生活中的一部分，我們甚至毫無自覺。

上述的焦慮情況中，部分只是生活一景，我大部分的焦慮是出於對自己的期望。我希望愛倫的學校作業能寫得精彩。我想要照顧查理而不必擔心截稿日。我想讓全世界的人知道，我平衡家庭和事業的本事有多厲害。我要有個漂亮的庭院。我想讓大家看見我們用生物分解環保袋抓起我家狗寶貝的便便，然後心想：天啊！這家人真是超級好公民！有些日子裡，我能戰勝討好所有人的衝動；但總有些日子，我會被這樣的衝動打敗。

就跟上一章討論過的一樣，我們為了要相信自我價值而掙扎奮鬥的時候，我們可是拚了老命。這份爭取自我價值的拼勁，擁有一首自己的主題曲。和我年齡差不多或者比我年長的人都知道一九七〇年代流行的「快一點！」（Do the Hustle），歌詞就是一直重複唱著「Do the Hustle！」但我說的不是這首歌。我說的是如同魔音穿腦、重複播放的羞愧指控——是那些滋養了「永遠不夠好」的訊息。

*別人會怎麼想？

*你還沒辦法真正愛自己。因為你不夠＿＿＿＿＿（填填看：漂亮、苗條、成功、有錢、有才華、快樂、聰明、女人味、男子氣概、有成效、體面、堅強、強悍、貼心、萬人迷、有創意、人見人愛、受景仰、有貢獻）

*沒有人會發現＿＿＿＿（填填看：我的優點）

*我要假裝一切沒問題。

*如果有必要，我會改變自己去融入人群！

*你以為你是誰啊？可以把自己的想法／藝術／觀念／信念／文章拿出來丟人現眼？

*照顧別人比照顧自己來得重要。

羞愧是那種竄流全身熱熱的感覺，會讓我們覺得渺小、殘缺、永遠不夠好。如果我們想要培養出羞愧復原力——也就是辨認出羞愧、穿越羞

坦露自己的故事或許很艱難，但遠比不上終生逃避來得辛苦。

愧，卻仍保有自我價值和真實的能力——那麼我們就必須談談人為什麼會羞愧。

誠實談論羞愧可以改變我們生活、相愛、做父母、工作以及建立關係的方式。我寫了一本以羞愧復原力為主題的書，名為《我以為只有我》（暫譯）。那本書得到上千封讀者來信和電子郵件的回應。他們的回應全都一樣：「我好驚訝討論羞愧竟然會大大改變我的生活！」（我保證，即使你邊吃東西邊討論羞愧，你還是會好好的。）

羞愧復原力第一招

關於羞愧，你必須知道三件事：

1. 大家都會羞愧。羞愧之情舉世皆然，是人類最原始的情緒經驗之一。只有缺乏同理能力和缺乏與他人連結能力的人，才體會不到羞愧。
2. 我們都害怕談論羞愧。
3. 愈是避而不談，羞愧對我們生命的控制力就愈強大。

基本上，羞愧就是害怕自己不討人愛，跟坦露自己的故事且感覺有價值完全背道而馳。事實上，從我的研究中，我發展出「羞愧」的定義：

羞愧就是相信自己有缺憾，並因此不值得愛與歸屬的強烈痛苦感受或經驗。

羞愧說服我們，坦露自己的故事會導致別人看輕我們，於是使我們與價值隔絕。羞愧就是恐懼。我們害怕別人一旦知道我們真實的樣子、我們的來歷、我們的信念、我們有多麼掙扎，就會不喜歡我們。而且信不信由你，就連我們風光的時候也會感覺羞愧（有時候坦露自己的優點，就跟坦露自己的掙扎一樣困難。）

大家通常想說服自己，羞愧是保留給那些浩劫餘生者的專利，事實並非如此。羞愧是人人都會有的經驗。我們感覺羞愧似乎暗藏在心中最幽暗的角落時，事實上羞愧早已潛入所有熟悉的地方：我們的樣貌、身體形象、家庭、教養小孩、金錢和工作、健康、上癮、性、老化、宗教信仰。感覺羞愧是人之常情。

沒有人能夠輕易坦露自身痛苦掙扎的故事。如果我們努力確保表面上凡事看來都「妥當沒問題」，等到要說出真相的時候，代價就會很高。這就是為什麼羞愧特別喜歡完美主義的人——讓我們乖乖閉嘴真是容易。

除了害怕自己的故事讓別人失望、把別人嚇跑，我們也害怕如果說出自己的故事，光是這單一事件就足以把自己壓垮。而且我們確實害怕，這個單一事件雖然只是構成我這個人的冰山一角，卻可能掩埋我們，或把我們定義。

我在《我以為只有我》一書中，談到很多這一類的故事。不過我現在腦海中浮現的是一位女士的經歷。這位女士鼓起勇氣說出自己戒酒成功的故事，卻換來鄰居回應說：「現在我不確定，是不是還那麼放心讓孩子來妳家玩。」這位勇敢的女士跟我說，她排除所有恐懼回答：「他們已經在這裡玩了兩年，我也已經戒酒二十年了。我和十分鐘前的我沒有什麼兩樣。可是為什麼妳不一樣了？」如果羞愧是全人類對於不值得愛與歸屬的共通恐懼，而且如果所有的人對於經驗愛與歸屬都有與生俱來、不可抹滅的需求，那麼就不難了解，為何羞愧通常被認為是「主要情緒」。我們不需要真正體驗羞愧，就可以因羞愧而癱瘓——害怕被人看作沒價值，就足以逼迫我們對自己的故事保持緘默。

如果人人都會有羞愧感，那麼好消息就是我們都有能力發展出羞愧復原力。羞愧復原力這種能力，讓我們能辨識出羞愧，有建設性地穿越羞愧感，卻同時保有價值和真實，並且最終能從這樣的經驗中培養出更多的勇氣、仁慈和連結。關於羞愧復原力，我們必須了解的第一件事情，就是我們愈不談羞愧，就會愈羞愧。

羞愧要在我們的生活中失控滋長，需要三個條件：祕密、沉默、論斷。令人羞愧的事情發生，我們卻悶著不說，羞愧就會潰爛、長大，損耗我們的能量。我們須要分享經歷。羞愧在人際間產生，也在人際間得到療癒。如果找到有資格聆聽我們故事的人，就必須把事情說出來。羞愧一旦曝光，就失去力量。因此我們必須培養故事，以釋放羞愧；也必須發展羞愧復原力，以培養故事。

十年研究下來，我發現具備高度羞愧復原力的人具備了四種特質：

1.他們了解羞愧，且能辨識出哪些訊息和期待會誘發自己的羞愧感。

2.他們實踐批判性覺察，會運用現實檢核，將那些告訴我們「不完美就意味著不足」的訊息和期待，與現實比對。

3.他們會向外求援，跟信任的人分享自己的故事。

4.他們談論羞愧——會使用羞愧這個字眼，會談論他們的感覺，也會提出自己的需求。

當我想到研究中曾經談及故事之轉化力量的人——也就是坦露且分享自己故事的那些人——我明瞭他們也正是實踐羞愧復原力的人。

由於價值和羞愧復原力與坦露自身故事有絕對的關聯，因此我想要跟你分享一個我羞愧復原力的親身故事。不過說故事之前，我想要先談談經常被問到的兩個跟羞愧有關的問題。我認為這會幫助你在這個不容易消化的主題上，有更多理解以及心理準備。

羞愧和愧疚有什麼不同？

大多數研究羞愧的學者和臨床專家同意，羞愧和愧疚之間最為人所理解的不同，就是「我不好」與「我做了不好的事」這兩者之間的差異。

羞愧＝我不好

愧疚＝我做了不好的事

羞愧跟我們是什麼樣的人有關；愧疚則跟我們的行為有關。當我們提起自己曾做過或沒能做好的事情，而那事情有違理想中的自己，我們就會感到愧疚。那是一種不舒服的感覺，卻有其好處。愧疚往往會促發我們為了所作所為向人道歉、跟人修復和好、改變自己感到不妥的行為。愧疚就和羞愧一般強而有力，但愧疚的影響力經常是正向的，而羞愧的影響力卻往往有破壞性。我們看到有人道歉、修好、改錯歸正，這是愧疚驅動的，而不是羞愧。事實上我在研究中發現，羞愧會把我們相信自己能改變和改進的部分給腐蝕掉。

羞愧不是會讓我們管好自己嗎？

跟其他許多專業人士一樣，我的結論是，羞愧更可能會把人引向毀滅性和傷害性的行為上，而非解決之道。再說，人的本性就是會尋求愛與歸屬的價值感。我們體驗了羞愧，就會感覺到連結中斷，並且迫切需要找到價值。如果我們充滿了羞愧或是對羞愧的恐懼，就比較可能投入自我毀滅的行為，也比較會攻擊或羞辱別人。事實上，羞愧和暴力、攻擊、憂鬱、上癮、飲食疾患、霸凌都有關係。

使用較多羞愧型自我對話的孩子（認為「我不好」），會比使用愧疚型自我對話的孩子（「我做了不好的事情」），在自我價值和自我憎恨的議題上有更嚴重的掙扎。使用羞愧來教養孩子，讓孩子學會的是自己生來不值得被愛。

在日常生活中實踐勇氣、仁慈和連結，正是我們培養價值的方法。

羞愧研究者的自我療癒

不管你對於羞愧的了解有多少，羞愧都可能悄悄占據你（相信我，這是我的親身經驗）。你可能身處羞愧經驗中而完全不知道發生了什麼事，也搞不清楚到底什麼緣故。不過好消息是，有了足夠的練習，羞愧復原力也可以悄悄占據你！接下來這個故事不但說明了羞愧狡詐的本質，也同時再度強調談論羞愧和說出我們的故事有多麼重要。

二〇〇九那年有好幾個月，網路管理公司將我的部落格列為特色網頁，放在他們的首頁。起初非常有趣，因為有好多平常不會搜尋真實和勇氣這類部落格的人，會來看我的網頁。可是有一天，我收到一封電子郵件。來信的人是一個喜歡我網頁排版和設計的女士。我感覺又得意又感激……一直到我讀了下面這一段：

我非常喜歡妳的部落格。很有創意而且可讀性高。不過妳和女性友人在戲院拍的那張快照是唯一的例外……我的媽呀！我絕對不會把難看的照片貼上部落格，不過，這是因為我是攝影師啊。：）

我簡直難以置信。她說的那張照片是我跟好友蘿拉坐在黑漆漆的電影院裡面，等候「慾望城市」電影版放映之前拍的。那天是首映日，我們超興奮、瘋瘋癲癲的，於是我掏出相機拍了張快照。

這個女人對我那張照片的評語讓我好生氣、好困惑、好震驚。但是我繼續讀下去。她接著問了好些有關部落格設計方面的問題，然後在信件的結尾說明，她幫助了許多「無厘頭的父母」，而且還計畫要讓這些家長知道我在親職教育方面的研究。**隨便啦！**我快氣死了。我在廚房裡來回踱步，然後坐下，在鍵盤上敲出一封電子郵件。

版本一，其中有這麼一句：「我的媽呀！我絕對不會貶低別人的照片，不過這是因為我是研究羞愧的專家啊。」

版本二，有這句：「我檢查過妳網路上的照片，如果妳這麼在意貼出難看的照片，那我打算把妳的照片貼出來。」

版本三，裡面有這句：「寄出這麼爛的電子郵件前，妳最起碼也該檢查一下妳的錯別字。是『他們』才對，不是『他門』。」

惡毒、卑鄙。我不管。不過我沒有發送出去。我體內有某種東西阻止了我。我把這些「攻擊信件」重新讀過一遍，深呼吸一口氣，然後衝進臥室、套上慢跑鞋、戴上棒球帽、直奔人行道。我需要離開室內，釋放我血管裡竄流的古怪能量。

走了將近兩公里路，我打電話給好友蘿拉，就是我剛才提到戲院裡那張照片上的朋友。我告訴她那個女人的電子郵件。她聽了以後倒抽一口氣說：「妳不是開玩笑吧？」

「沒！我沒開玩笑。要不要聽聽我的回應？有三個版本。我還沒決定要用哪個。」我覆誦了我「必殺必滅」的回信之後，她又倒抽了一口氣。

平凡的勇氣是甘冒脆弱的危險，而這對現在的人來說，格外不平凡，舉世皆然。

「布芮尼，這太有種了。要是我就做不來。我會很受傷，然後很可能會大哭。」蘿拉跟我經常討論沉重的話題。我們頻率相同，相處自在。我們倆可以七嘴八舌聊得屋頂快要掀開，也可以無語相伴。我們向來愛分析，而且會像這樣說話：「好，等等我……讓我想想……」然後「這樣有道理嗎？」或是「不對、不對。等一下。我快想出來了。」

對話至此，我說：「蘿拉，現在什麼都別說。我需要想想妳剛才講的。」大約有兩到三分鐘，我們之間只有我揮汗喘息的聲音。

我終於說話了：「妳會感覺受傷而且大哭？」

蘿拉不甘不願地回答：「對啊。幹嘛問這個？」

「嗯……」我遲疑地說，「我認為對我來說，大哭而且感覺受傷是很勇敢的選擇。」

蘿拉的聲音中充滿了驚訝：「什麼意思啊？」

我盡量解釋：「惡毒、卑鄙是我這個人的預設值（default setting）。對我來說，用羞辱還擊對方是不需要勇氣的。我可以在瞬間使出我的羞辱超能力。可是容許自己感覺受傷，可就完全不是那麼回事。我認為妳的預設值才是我需要的勇氣。」

我們又談了一會兒，斷定了蘿拉的勇氣是承認受傷而不逃避，而我的勇氣則在於承認受傷而不還擊傷人。我們也一致認為殘忍絕非勇敢的，而是粗魯、隨便的，在今日文化中尤其如此。

大約又邊走邊聊了將近兩公里後，蘿拉問我：「好吧，既然我們搞定了承認受傷這部分，那妳要怎麼處理這封電子郵件才算有勇氣？」

我忍住不哭。「接受受傷。大哭。跟妳訴苦。不再計較。刪除郵件，完全不回應。」

蘿拉沉默了一分鐘，然後突然說：「天啊，那就是羞愧復原力對不對？妳正在實踐勇氣啊。」

我困惑了，似乎從未聽過這個名詞。「啥？意思是？」

蘿拉耐性十足地說：「羞愧復原力，妳知道的嘛，妳的書，藍色的那本吶。羞愧復原力的四個元素：為羞愧命名、談論它、坦露故事、說出故事。妳自己的書呀。」我們同時放聲大笑。我心想：「怪怪！我的理論還真管用！」

一週之後，我站在七十位研究生面前，講解著羞愧復原力的四個元素。他們選修了我開的羞愧和同理的課程。這時候一個女生舉起手來，要求我舉個實例。我決定說說這個「我的媽呀」的故事。這個例子太好了，能夠說明羞愧如何在純粹無意識的層面發生，還可以說明為羞愧命名和談論羞愧的重要性。

我描述了我的部落格，並告訴他們我剛下決心要學攝影。我說，分享照片讓我感到脆弱，而收到那封批評照片的電子郵件，讓我感到被羞辱和輕視。

我說到自己底層的欲念，是報以殘酷的回應時，有幾個學生摀住臉，另外有些學生把臉別開。這當中肯定有人因我的分享缺乏啟發而失望，也有人看起來十分驚駭。

一個男生舉手說：「我可以問一個私人問題嗎？」既然我正在分享脆

弱和羞愧的故事，心想那也無傷大雅。可是我錯了。

他勇敢地說：「妳說妳拍的照片讓妳感覺受批評。可是那真的算是脆弱嗎？妳感覺羞愧，是因為一張拍壞的醜照片挨批呢？還是因為妳容許自己脆弱和開放，沒有封閉和保護好自己，結果有人傷害了妳？妳舉的例子真的能說明妳敞開自己跟人連結所招來的傷害嗎？」

我感到口乾舌燥，開始冒汗。我揉揉前額，看著眼前這群面紅耳赤的學生。

「難以置信！就是這麼回事！我現在才知道，不過真的就是這麼回事，就是這麼回事。我在電影院裡拍了一張莫名其妙的照片——是我平時不會做的事情。可是我跟很親近的朋友在一起，是瘋瘋癲癲小女生的心情。我把它貼上網，因為很興奮、以為很好玩。然後招來批評。」

有兩個學生看著他們勇敢的同學，像是在說：真有你的，把她搞成精神重創了。不過我不覺得受到重創，或被偷窺，也不覺得被揭露。我感到釋放。要貼近我的價值，我所需要坦露的故事不是一個不會拍照的人因為照片挨批而心裡受傷。而是一個正經八百的人，一時玩性發作、瘋瘋癲癲、露出不完美，結果讓人戳中了脆弱之處。

羞愧復原力的發展，通常是一個緩緩展露的理解的過程。那麼這個經驗對我的意義是什麼呢？心中小魔怪的嘴裡又咕噥些什麼呢？我們不但需要坦露自己的故事，要在過程中珍愛自己，還必須搞清楚自己的故事是哪一個！而且，如果想要發展出自我價值，我們也必須學習如何保護自己免於羞辱。

羞愧看起來是什麼樣子？

說到要了解我們如何自我防護免於羞愧，我要特別推崇琳達・哈特林博士（Dr. Linda Hartling）在麻州威爾斯利市史東中心的研究。她本來是史東中心的關係—文化理論學者（relational-cultural theorist），現任人類尊嚴與羞辱研究計畫主任。她運用卡倫・霍妮（Karen Horney）晚期對於親近、反抗、逃避的研究，來描述我們用來因應羞愧的連結中斷策略。

哈特林博士認為，為了因應羞愧，有些人會以退縮、隱藏、緘默和隱藏祕密的方式來逃避羞愧；另外有些人會用息事寧人和討好的方式來親近羞愧；而有些人會設法獲取控制權、激進行事，或者以牙還牙（例如寄發惡毒的電子郵件），來對抗羞愧。

我們絕大多數人都會在不同時候、對不同的人、因為不同的理由，而運用這些招數。然而這些策略都會讓我們遠離自己的故事。羞愧和恐懼、責備和連結中斷脫不了關係。而故事則和價值有關，故事會擁抱帶來仁慈、連結以及勇氣的那份不完美。如果我們想要活得淋漓盡致，而不必老是害怕不足夠，那我們就必須坦露自己的故事。我們也必須用一種不會加深羞愧感的方式來回應羞愧。其中一個方法就是辨識自己什麼時候會有羞愧感，那麼我們就可以有意識地反應。

羞愧是一種觸及全人的情緒。具備高度羞愧復原力的人，無論男女，在羞愧發生時都能覺察。而了解羞愧最簡單的方法，就是培養自己對羞愧產生之時的生理徵狀的覺察。就像我在勇氣、仁慈和連結那一章裡面提到

如果人生中有一、兩個人可以陪我們坐下來，全然接納地傾聽我們羞於面對的故事，愛我們的優點，也愛我們的掙扎，那真的很幸運。

過的，我只要感覺自己不夠好，就會有熱熱的感覺刷過全身，然後心跳加快、臉頰發燙、口乾舌燥、手臂刺麻、度秒如年，我就知道自己正在和羞愧角力。清楚自己的徵狀是很重要的。這樣我們才能夠有意識地因應羞愧。我們陷入羞愧的時候，就不適合人際往來。我們做事、說話、發送電子郵件或簡訊之前，都必須先穩住情緒的腳步，才不會後悔。我知道自己大概需要十五分鐘才能整頓好情緒，而且非得大哭一場才行；我還需要禱告。把這些搞清楚，是多麼大的收獲。

如果你想啟動自己的羞愧復原力、開始宣告自己的故事，那就從這幾個問題開始吧。搞清楚答案，就可以改變你的人生：

1. 當你退縮到羞愧的角落，你會變成什麼樣的人？

2. 你如何自我保護？

3. 你會打電話給誰，陪你度過惡毒—卑鄙、哭泣—逃避，或討好別人的狀態？

4. 感到渺小和受傷時，你能夠為自己做的最有勇氣的事情是什麼？

我們的故事不是為所有人準備的。聆聽故事，是一種特權。我們永遠都應該在分享故事之前自問：「有哪些人已經獲得資格，可以聆聽我的故事？」如果人生中有一、兩個人可以陪我們坐下來，全然接納地傾聽我們羞於面對的故事，愛我們的優點，也愛我們的掙扎，那真的很幸運。如果我們有一位朋友、一小群朋友或者家人，能擁抱我們的不完美、脆弱、力量，並且用歸屬感來滿足我們，那實在是太幸福了。

人生中，我們不需要從所有的人身上得到愛、歸屬，也不需要每個人都能傾聽我們的故事。但是至少要有一個這樣的人。若只擁有那麼一位、就那麼一小群能夠推心置腹的人，那麼答謝這些關係最好的方式，就是承認我們的自我價值。如果我們正在努力以愛、歸屬和故事分享為基礎來建立關係，同樣地，承認「我是有價值的」，也會是我們出發的起點。

第一號路標

管別人怎麼想
擁抱真實的自己

人們往往試圖用倒退的方式過日子：
設法擁有更多物質、金錢，
為的是達成更多願望，讓自己更快樂。
然而，這種方式的實際作用卻是反向的。
你必須先做真正的自己，然後做你真正該做的，
才能擁有你所想要的。

——瑪格麗特．楊（Margaret Young，美國知名歌手、喜劇演員）

在開始進行研究之前，我向來認為人分成真實和不真實兩種。真實是種特質，你要嘛就是擁有，要嘛就是缺乏，涇渭分明。大多數人是這樣使

用真實這個詞彙的：「她是一個非常真實而不造作的人。」但是當我開始深入研究、並身體力行之後，才了解到，真實就跟許多令人渴望的本質一樣，其實並不是我們具備或缺乏的東西。而是一種實踐——有意識地選擇嚮往的生活方式。

真實，是我們日常生活中必須做出的一連串選擇，跟選擇袒露和做真正的自己有關。是一種誠實讓人看見真我的選擇。有些人會有意識地實踐真實，有些人不會，有些人則時而真實，時而沒那麼真實。相信我，即使我對於真實所知甚多，而且那是我努力的目標，但如果我充滿了自我懷疑或羞愧，我可能會出賣自己，然後變成你需要我變成的任何樣子。

「我們可以選擇真實」的概念，讓多數人既感盼望，又筋疲力竭。我們感到有盼望，是因為真實是我們所推崇的。大多數人都會為溫暖、踏實、誠懇的人所吸引，也希望自己成為那樣的人。我們會感到筋疲力竭，是因為毋須多加思索就知道，自己要在這個主宰一切的文化——從理想體重該多少，到房子該長什麼樣——之中選擇真實，會是多麼沉重的負擔。

要求人們在這個強調「融入」和「討人喜歡」的文化之中選擇真實，是項艱鉅的任務，因此我決定運用我的研究，為真實發展出一個定義，做為檢驗準據。真實的詳細結構是什麼？有哪些要件能創造出真實？我發展出來的定義是：

真實，是一種日常實踐，是練習放下我們自認為應該要有的樣子，並且擁抱真實的自己。

選擇真實意味著：

* 培養不必完美的勇氣、設定界線，還有允許自己脆弱。
* 鍛鍊仁慈之心。認清人人皆有優點和尚待努力之處，就會產生仁慈之心。
* 滋養連結與歸屬感。唯有相信自己夠好，才會產生連結和歸屬感。

真實所要求的是「全心投入的生活與愛」——就算在很艱難的時刻，就算在我們與羞愧和擔心不夠好角力的時候，甚至是在喜悅強烈得讓我們不敢去體驗之時，都要全心投入。

在最深度自我探索的掙扎中，留心實踐真實，是邀請恩典、喜樂和感恩進入你我生命的方式。

你會發現我的十大路標之中，有許多主題是依照我的這些定義所設定出來的。這樣的主軸也會不斷重複，貫穿全書，所有的路標也都彼此連貫。我的目標是以個別和綜合的方式討論這些路標，我想讓大家探索這些路標如何個別作用，又如何共同運作。接下來這本書的大部分內容，都在拆解例如完美這類的詞彙，好讓大家了解為何這類詞彙如此重要，以及是什麼阻礙了我們活出全心投入的生命。

選擇真實並不容易。美國現代詩人康明斯（E.E. Cummings）曾經寫道：「在這個日夜無所不用其極，要讓你變成別人而不是自己的世界中，要專心做自己，就意味著要在人類可能遭遇的戰鬥之中，打一場最艱難的仗，而且永無休戰之日。」「保持真實的樣貌」會是我們一生中，最有勇氣的戰鬥之一。

當我們選擇對自己毫無虛偽，身旁的人就會拚命想搞清楚我們是如何以及為何改變。伴侶和子女可能感到害怕，不確定他們看見的改變是什麼。朋友和家人可能會擔心我們「實踐真實」會影響到他們，以及双方之間的關係。有些人會發現這項嶄新的承諾令人鼓舞；有些人則會覺得我們改變太多——說不定有可能會拋棄他們，或強迫他們面對令人不自在的自我真相。

我認為挑戰現況的，倒未必是**真實之舉**，而是對於真實的**無所畏懼**。大多數人都有個「羞愧觸發點」，例如若被別人說你很縱容自己，或很自我中心，就會引發羞愧感。我們不樂意自己的真實被別人當成自私或自戀。我刻意實踐真實和價值之初，每天都像在跟配戴鋼爪的小魔怪奮戰。他們不時無情地大聲喧鬧：

＊「假如我認為自己夠好，可是別人卻不這麼認為呢？」

＊「如果讓人看見不完美的我，結果大家都不喜歡，那怎麼辦？」

＊「假設我的朋友／家人／同事比較喜歡那個完美的我……你曉得的，就是那個會打理大小事情、照顧所有人的那個我，那又怎麼辦？」

有時候，我們衝撞體制，體制就會反彈。反彈的方式從翻白眼、竊竊私語，到關係出現裂痕和感到疏離等，不一而足。也可能有人會用殘酷和羞辱來回應我們真實的聲音。在這真實與羞愧的研究中，我發現，**自由無懼地說出心底話，是引發女性羞愧主要因素**。受訪者如此形容自己展現真實之際所面對的掙扎：

＊要誠實，可是不要讓人感覺不舒服。
＊要說出心裡的想法，可是不要讓人不高興，也不要傷感情。
＊要讓自己聽起來有見識、有教養，但不是自以為什麼都懂的樣子。
＊要有勇氣獨排眾議，但不准說出任何不受歡迎或有爭議的東西。

我也發現無論男性或女性，當自己的意見、情感和信念與文化中的性別期待有所矛盾時，內心都會掙扎。比方說，有些研究探討「女人味」的特質會給人什麼聯想，結果發現，女性最重要的特質是苗條、親切可人、文雅端莊。這表示，如果女人只想打一手安全牌，我們就得甘心樂意地盡力保持嬌小、安靜、嫵媚。

反觀男子氣概的研究，研究人員界定出男人的重要特質是：控制情緒、工作第一、掌控女性、追求地位。這個意思是說，如果男人不想冒險，就得停止感受、開始賺錢，並且放棄具有意義的連結。

但重點是……**安全的選項未必總是真實**。有時候選擇真面目，而不是討人喜歡，正是全然的冒險；這意味著跨越我們的舒適圈。相信我，根據我在許多不同場合中跨越舒適圈的經驗，涉足全新領域的時候，很容易招來攻擊。

要攻擊和批判一個冒險的人是很容易的。這個人可能是說出不受歡迎的意見，可能是和世界分享全新的創造，或者是嘗試自己還不太熟練的事情。但我認為刻薄、殘忍的言行是卑鄙、隨便、放縱而且懦弱的。尤其匿名攻擊和批判更是如此——好比說當今的科技容許太多人匿名攻擊、批評別人。

在我們努力變得真實和勇敢的時候要牢記，就算那些批判不成立，但刻薄和殘酷永遠具有殺傷力。當我們忤逆世人的期待，把自己和我們的努力在人前攤開，有些人會感到威脅，然後會找到最傷人的點——我們的外表、是否討人喜愛、甚至如何教養子女——對我們窮追猛打。

問題是，如果我們完全不在乎別人的想法，而且對傷害免疫，我們也無法與人有效連結。勇氣是述說我們的故事，而不是對批判免疫。如果想要體驗人際連結，保有脆弱是我們必須承擔的風險。

如果你跟我一樣，那麼實踐真實可能會是令你望而生畏的選擇——把真正的自己在人前敞開是有風險的。但是我相信，向世人隱藏住自己和自己的天賦，那才是更大的風險。我們未曾表達的想法、意見和未曾付出的貢獻不會憑空消失。它們十之八九會化膿潰爛，侵蝕掉我們的價值感。我認為人們出娘胎時，身上都應該長著一個類似香菸包裝上的那種警告標籤：「**請注意：如果你以真實換來安全，你可能會經驗到以下症狀：焦慮、憂鬱、飲食疾患、成癮、怨天尤人、憤恨，以及莫名的悲傷。**」

為了別人的想法而犧牲真實的自己實在不值得。的確，我們身邊的人可能會經驗真實所帶來的成長之苦，然而最終，對自己毫無虛偽，才是我們所能送給心愛之人最好的禮物。當我不再試圖面面俱到，就擁有更多時間、注意力、愛和連結，給予我生命中重要的人。我的真實實踐或許對於史帝夫和孩子來說都不容易——主要是因為這需要時間、精力和注意力。然而真相是，史帝夫、愛倫和查理全都投入了相同的努力。沒有一人例外。

向深處挖掘

D．**刻意**（Deliberate）：每當我感到脆弱，我就刻意重複告訴自己：「不要退縮。不要打腫臉充胖子。在你的聖地上站好。」我認為在聖地上站好，跟靈性深處的某種東西有關。說出這段短短的禱文，幫助我牢記不要為了讓別人覺得自在而妄自菲薄；也幫助我記得不要用棄械投降的方式來保護自己。

I．**激勵**（Inspired）：只要有人跟世界分享他們的努力和意見，我就會受到激勵。勇氣是有感染力的。我的朋友凱瑟琳．山特說：「你必須勇敢面對自己的生命，這樣別人才會勇敢對待他們的生命。」

G．**行動**（Going）：進入令我感覺脆弱的情境時，我設法讓真實成為眼前的頭號目標。如果真實是我的目標，而我也保持了真貌，我就絕對不會後悔。我可能情感上會受傷，但我不太會感到羞愧。但如果接納和認可成了我的目標卻又得不到，就可能誘發我的羞愧：「我不夠好。」如果目標是「真實」，而別人不喜歡我，我不會有問題。如果目標是要讓人喜歡，別人卻不喜歡我，那我就有麻煩了。我把真實當作首要目標，來展開行動。

那你是如何向深處挖掘的呢？

第二號路標

放下完美主義
對自己仁慈

真正困難且真正令人驚喜的事情是：放棄成為完美，並且開始努力成為自己。

——安娜．昆德蘭（Anna Quindlen，美國知名作家）

我的研究工作中，最棒的部分之一就是收取讀者來信或電子郵件。二〇〇九年初，我收到了第一千封讀者電子郵件。來函者是一位《我以為只有我》的讀者。為了慶祝這件事，我決定在部落格上發起為期八週的讀書逐句導讀。我將它命名為「Shame.Less Joy.Full 導讀」。

這個逐句導讀基本上是個網路讀書會。我們每週閱讀一章。全程中由我提供貼文、播客（podcasts）、討論內容，以及創作藝術習作。這個導讀現在仍在我的部落格上，依然有人繼續使用——和一群人或朋友共讀書籍，效果特別好。

逐句導讀即將開始前，我收到一封電子郵件，上面說：「我很喜歡妳這個導讀的概念。我覺得我沒有羞愧的議題，但是如果妳會導讀完美主義這方面的議題的話，我會第一個上來排隊。」她又在署名後面加了一小句：「附註——羞愧和完美主義沒關聯吧？有嗎？」

我回覆電子郵件，向她解說羞愧和完美主義之間的關聯：完美主義在哪裡，羞愧就潛伏在那裡。事實上，羞愧是完美主義的誕生之地。

我很喜歡她的回應：「或許**我們**在逐句導讀開課之前，妳可以先跟大家說說這個關聯。我和我的朋友都知道自己跟完美主義角力，可是我們都不認為自己會羞愧。」

「我們都不認為自己會羞愧。」你一定不敢相信這種話我聽過多少次！我知道羞愧是個很嚇人的字眼。問題是如果我們不承認自己有羞愧的感覺，羞愧會來宣告擁有我們。而完美主義正是羞愧悄悄潛入我們生命中的方式之一。

我自己是個從完美主義走出來，成為充滿盼望的「夠好主義」的人。我發現破除某些跟完美主義相關的迷思是極有助益的。因為接下來我們就可以發展出一個定義，來精準捕捉完美主義是什麼，還有它在我們生命中做了些什麼。

＊**完美主義和追求盡己所能的盡善盡美是兩碼子事**。完美主義跟健康的成就和成長沒有關聯。完美主義是一種信念，認為如果我們生活得完美、看起來完美、舉止完美，我們就可以避免因責難、論斷、羞辱所帶來的痛苦，或是可以將這樣的痛苦縮減到最小。這是一種防護。完美主義是一張二十噸重的盾牌。我們到哪都拖著這張盾牌，以為可以用來保護自己，殊不知卻成了我們起飛的阻礙。

＊**完美主義不是自我成長**。完美主義打從骨子裡就跟爭取認同和接納有關。大部分完美主義者都是在讚美成就和稱許表現的環境中造就出來的（成績、禮貌、守規矩、討好、儀表、體育）。這樣一路下來，不知曾幾何時，我們採納了這種危險而消耗能量的信念系統。我這個人等同於我的成就和成就高低。討好、表現、完美。健康的努力是以自己為焦點——我該如何改進？而完美主義則以他人為焦點——他們會怎麼想？

了解健康的努力和完美主義之間有何差異，是放下防護罩、重拾生命的關鍵。研究顯示，完美主義妨礙成功。事實上，完美主義往往是導向憂鬱、焦慮、成癮、生活癱瘓的路徑。生活癱瘓指的是我們**擦肩錯過的一切良機**——只因為我們太過於害怕讓人知道自己或許不甚完美之處。生活癱瘓同時也意味著我們不曾追逐的所有夢想——只因為我們內心深深害怕失敗、犯錯、讓別人失望。如果你是個完美主義者，冒險會是一件很可怕的事情；因為那會讓你感到自我價值岌岌可危。

我結合這三項洞察，為完美主義打造出一個定義（因為你曉得，我有多愛用文字包裝我的奮鬥！）。這個定義很長，但可真使我獲益不淺！這個定義也是我部落格上點閱率最高的定義。

＊**完美主義是一種自我毀滅和成癮的信念系統**。這個信念系統會滋養這個主要思想：如果我看起來完美、生活得完美、做什麼都很完美，我就可以避免痛苦，或者將羞辱、論斷、責難所帶來的痛苦感受縮減到最小。

＊**完美主義是一種自我毀滅，因為根本沒有完美這回事**。完美是一種不可能達成的目標。此外，完美主義跟知覺比較有關——我們想要人家覺得我們完美。而這也同樣是不可能達成的——知覺是無法控制的。不管我們耗費多少時間、精力都不可能。

＊**完美主義是一種成癮**，因為當我們一而再、再而三地經驗羞愧、論斷、責難，往往會相信是因為自己不夠完美。結果，我們不去質疑完美主義之謬誤邏輯，反而變得更加根深柢固地在生活、外貌和作為上去追求所

謂的恰如其分。

＊**感到羞辱、受論斷、遭責難（以及對於這些感受的懼怕）都是人類經驗的真實樣貌。完美主義會增加我們經驗這些痛苦情緒的可能性，而且往往導致自責：都是我的錯**。我會這樣感覺，都是因為我「不夠好」。

要克服完美主義，必須要能承認自己在面對某些人類共通經驗時是脆弱的。這些共通經驗是：身處羞愧、論斷、責難的情境；發展羞愧復原力；還有練習自我體恤。當我們變得對自己更有愛心、同情心，開始實踐羞愧復原力，我們就能夠擁抱自己的不完美。而我們正是在擁抱不完美的過程中，發現自己最真實的天賦：勇氣、仁慈、連結。

根據我的資料，我不認為有些人是完美主義者，而有些人不是。我認為完美主義的存在是程度問題。每個人多多少少都有一些完美主義傾向。有些人的完美主義可能只有在感覺特別脆弱時才會冒出來。有些人的完美主義卻可能是強迫性的、長期的、消耗能量的，跟成癮很類似。

我已經開始處理自己的完美主義，一次處理一個爛攤子。因為這樣做，我終於體會出（打從骨子裡）「完美主義的成就」與「健康的成就」兩者間的差異。探索恐懼和改變自我對話的方式，是克服完美主義的兩項關鍵步驟。

我要舉兩個例子：

跟大多數女性一樣，我在身體形象、自信，以及食物和情緒之間永遠夾纏不清的關係上，是有所掙扎的。完美主義的飲食和健康目標的飲食，兩者的差別是——

完美主義者的自我對話：「吼！什麼都穿不下。我又肥又醜。我長得有夠難看。我需要跟現在不一樣才會值得愛和歸屬。」

爭取健康者的自我對話：「這是我想要的。我想要感覺更好、想要更健康。我是否有人愛、受人接納，並不是由體重計來決定。如果我相信我現在就值得愛和尊重，我就會邀請勇氣、仁慈、連結進入我的生活。我要為自己釐清這點。我做得到。」

在我身上，這方面想法轉換的結果就是生活的改變。完美主義不會導出成果，只會使人上癮。

還有一、兩次，我必須藉助老人家說的「學模學樣，直到上手為止」。我把這當作操練不完美的練習。舉例來說，就在我著手發展這個定義之初，恰有朋友順路來訪。當時九歲的女兒愛倫大喊：「媽！唐恩和茱莉在門口啦！」我們家亂七八糟，而從愛倫的聲音中，我聽出她心裡的想法：完蛋了！老媽這下會瘋掉。

我說：「等我一下。」一邊匆匆換衣服。她跑回我房間說：「妳要我幫忙收拾一下嗎？」我說：「不用。我衣服穿好就行了。我很高興他們來。多好的驚喜啊！誰在乎房子怎樣呢！」然後我用「寧靜禱文」（Serenity Prayer）讓自己先進入忘我狀態。

好了，如果我們想要全意生活、全心去愛，那要怎麼做，才不會讓完美主義毀掉我們的努力？我訪問那些以真實和自我價值處世的人時，無論是男、是女，我發現他們在完美主義這方面有許多共通之處。

首先，談到自己的不完美，他們十分溫柔而誠實，並無羞愧和恐懼。其次，他們不會很快對自己或別人下論斷。他們似乎是在一個「我們都在全力以赴」的境界中運作。他們的勇氣、仁慈和連結似乎根植於他們的自處之道。當時我還不太確定如何捕捉出這些特質，但我假設這幾個特質是各自獨立的。那是兩年前我發現克莉絲汀．聶夫博士（Dr. Kristin Neff）在自我體恤方面的研究之後才有的假設。接下來讓我們探索自我體恤的概念，以及為何自我體恤對實踐真實和擁抱不完美很重要。

自我體恤

片刻的自我體恤可以改變你的一天。
一連串自我體恤的片刻可以改變你的人生路線。
——克里斯托弗．肯．吉莫（Christopher K. Germer，臨床心理學家）

聶夫博士是德州大學奧斯汀分校的學者兼教授。她負責帶領自我體恤研究實驗室，鑽研的是人們如何發展並且實踐自我體恤。依照聶夫的說法，自我體恤包含三個元素：**自我仁慈**、**共通人性**、**當下的覺察**。這三個元素濃縮之後的定義分別是：

＊**自我仁慈**：在受苦、失敗、或感覺力有未逮時，會用溫暖和諒解來對待自己，而不是忽略自己的痛苦，也不會用自我批判來鞭笞自己。

＊**共通人性**：承認受苦和個人力有未逮的感覺都是人類共有的經驗——是大家都會體驗到的東西，並不是只發生在「我一個人」身上的。

＊**當下覺察**：採取平衡的方式對待負面情緒，這樣才不會把情感給壓抑下去或者過度放大。我們無法忽略自己的痛苦，又同時對於這份痛苦寄予同情。**當下覺察**要求我們不要「過度認同」想法和感覺，才不會讓負面的東西給絆住或捲走。

聶夫博士的研究有許多令我激賞的部分。其中一點是她為**當下覺察**所

全心投入的真正核心是：現在就有價值。沒有「如果」，也沒有「等我……時」。我們現在就值得愛與歸屬。就是現在，以我們本然的樣貌。

下的定義。很多人以為當下覺察意味著不要逃避痛苦情緒。她的定義卻提醒我們，當下覺察也意味著不要過度認同或是誇大我們的情感。這給了與完美主義奮戰的我們一個祕訣。我要舉一個「完美的」例子：我最近發了封電子郵件給一位作家，徵詢是否可以在這本書中摘錄她的研究，我把打算節錄的那段文字原原本本地打進郵件中。她很慷慨地答應了，不過她提醒我不要使用郵件中的段落，因為我把她的名字拼錯了。

我百分之百陷入了完美癱瘓。「我的天啊！我寫信問她可不可以摘錄她的東西，結果還把人家名字拼錯。她肯定認為我是來亂的。我怎麼會這麼冒失呢？」這不是羞愧攻擊——我還沒有陷溺得那麼深——但我的反應也不是自我體恤。我比較接近「讓負面反應給捲走了」。幸好這一章的草稿正巧放在旁邊桌子上。我低頭一看就微笑起來。布芮尼，要對自己仁慈啊。這沒什麼大不了的。

用這次電子郵件往來的例子，你可以看出完美主義和缺乏自我體恤是多麼容易導致論斷。因為一個微不足道的錯誤，我把自己想成了一個冒失的搗亂鬼。類似道理，如果我收到一封有錯誤的電子郵件，我會有驟下論斷的傾向。如果愛倫過來跟我說：「我剛剛發給老師一封電子郵件，可是不小心把她的名字拼錯了。」那這可能就很危險嘍。我該說：「怎麼可以這樣！」還是該說：「我也做過這種事——出錯是難免的。」

完美主義不可能不影響別人，它會令身邊的人一一遭殃。我們把完美主義傳遞給子孫；我們用無法達成的期待污染了職場；完美主義讓我們的朋友和家人感到窒息。幸好體恤的傳遞也很快。我們對自己仁慈的時候，就創造出蓄積體恤的寶庫，可以分給別人。兒女觀察我們，就學習到如何自我體恤；身邊的人則心安理得地表現出真實和連結。

向深處挖掘

D．刻意（Deliberate）：有一個幫助我刻意自我體恤的工具就是聶夫博士的自我體恤量表。這個短短的測驗所評量的是自我體恤的元素（自我仁慈、共通人性、當下覺察）以及自我體恤的阻礙（自我論斷、孤立、過度認同）這兩個面向。這項量表幫助我了解到自己在共通人性和當下覺察這兩方面做得很好，可是自我仁慈這方面就需要我持續留意。自我體恤量表和其他精采訊息都可從聶夫博士的網頁取得：www.self-compassion.org。

I．激勵（Inspired）：大多數人都在努力要活得真實。我們內心深處想要脫去嚴陣以待的面具，展現真實的自己和不完美。李歐納．柯恩（Leonard Cohen）那首「讚美詩」裡有一句歌詞：「萬物皆有縫隙，方能讓光透進。」當我落入力圖事事掌控和苛求完美的地步之時，就會用這句歌詞來提醒自己。我們之中有太多人為了填縫補隙而疲於奔命，設法讓所有的事情看起來沒問題。這句歌詞幫助我謹記裂縫之美（還有亂七八糟的家、不完美的手稿、太緊的牛仔褲）。這句歌詞也提醒我，我們的不完美不是力有未逮。不完美給我們的提示是，我們全都在同一艘船上。這情況不完美，但我們都在一起。

G・行動（Going）：有時候早晨醒來跟自己這樣說是很有助益的：「今天我要相信，我是個大老闆，不必強求面面俱到、事必躬親，單是露個臉就很足夠了。」

那你是如何向深處挖掘的呢？

第三號路標

停止麻木、放下無力感

呼喚靈性復原力

她再也不可能回頭修飾細節了。
唯一能做的不過是往前邁進，讓整體看起來美好。

——泰芮．克勞德

（Terri St. Cloud，美國知名作家，www.bonesigharts.com）

復原力是克服逆境的能力，自一九七〇年代初期開始，關於這個主題的研究愈來愈多。在這個壓力猖獗和爭鬥充斥的世界裡，每一位來自心理學、精神醫學、社會工作、神職工作以及犯罪防治領域的學者都想知道，為什麼有些人遭遇打擊後比別人容易恢復，而他們又是如何恢復的。我們想弄明白，這些人到底採取怎樣的方式來因應壓力和創傷，讓自己能夠繼續前進；某些人又為什麼較易受到壓力和創傷的影響而停滯不前。

我在蒐集和分析資料的時候，發現有不少受訪者提到了復原力。我聽見了人在逆境中培養全心投入生活的故事。我學習到人在極大環境壓力和內在焦慮中，有保持覺察和真實的能力。我也聽見他們自述如何能夠轉化創傷、全心投入生活，並逐漸茁壯。

要辨識出哪些是復原力的故事並不困難。因為我讀研究所的時候，正好是復原力研究的全盛時期。我知道，這些故事都跟我們所謂的保護因子有關。我們所做的、擁有的、操練的事物中，能夠提供我們回復力的，就是保護因子。

是什麼構成了復原力？

若仔細檢視當今的研究就會知道，具備復原力的人有五大共通特性：

1. 他們資源豐富，具備良好的問題解決技巧。

2. 他們比較會尋求幫助。

3. 他們秉持一種信念，相信自己可以做點什麼來幫助自己管理情感和因應逆境。

4. 他們身邊有社會支援。

5. 他們與人連結，例如親人、朋友。

當然啦，不同的學者還提出了其他特性，不過，這五個特性最重要。我起初預期的是：我會從研究觀察中得到的模式中，導出非常單刀直入的結論——復原力應該會跟其他「路標」一樣，是全心投入的核心元素。但是我從故事裡聽到的似乎不僅如此。這些故事的共通點不只有復原力一項；所有的故事都跟靈性有關。

我從受訪者身上發現，最根本的「保護因子」——也就是使他們恢復活力的因素——是他們的靈性。我說的並非宗教或神學層面的靈性，而是一種共通的深刻信念。根據面談結果，我是這樣定義靈性的：

靈性是承認和慶祝我們全都因一大於所有人的力量，而密不可分地相連。而我們與那份力量的連結，以及彼此之間的連結，則根源於愛和仁慈。鍛鍊靈性為人生帶來一種有前景、有意義、有目的的感覺。

毫無例外地，研究呈現出靈性——相信連結、相信大於自己的力量、相信這種相互關聯是根源於愛與仁慈——是構成復原力的一部分。大多數人提到了上帝，但也有人沒提。有些人偶爾上教會，也有人不去教會；有的人在釣魚地點崇拜上帝；有的人到教會、清真寺，或者在自己家裡。有的人對於是否有神這檔子事情還不確定；而有的人是宗教組織裡的虔誠信徒。而他們之間有一個共同點：靈性是他們復原力的基礎。

從靈性基礎出發，研究明顯呈現了另外三個復原力的重要模式：

1. 培養盼望。
2. 練習批判性覺察。
3. 停止麻木自己，不再設法舒緩脆弱、不自在和痛苦的感受。

讓我們逐一檢視這三種模式，以及這些模式與復原力和靈性的關聯。

盼望和無力感？

身為研究者，我想不出還有哪些詞彙比**盼望**（hope）和**力量**（power）更常受到誤解。我了解到盼望是**全心投入**生活中重要的一部分之後，就立刻著手研究，並找到了史奈德（C.R. Snyder）的研究。史奈德之前是肯薩斯州大學羅倫斯分校的學者。我跟大多數人一樣，向來以為盼望是一種情緒——是屬於樂觀主義和可能性的一種溫暖感覺。我錯了。

我很震驚地發現，**盼望**不是一種情緒，而是一種思考方式，或者說是一種認知歷程。情緒扮演了支持性的角色，而盼望卻是一種思考歷程，由目標、途徑、自我行動意識，也就是史奈德所謂的三部曲所組成。用最好懂的話來說，當我們具備以下條件，就會產生盼望：

＊有能力設定合乎現實的目標。（我知道我想去哪兒。）

＊能夠搞清楚如何達成這些目標，包括有能力保持彈性及開發不同途

徑。（我知道如何到達那兒。我貫徹始終，也耐得住失望和重頭來過。）

＊相信自己。（這個我做得到！）

因此，盼望是這三部曲的組合：設定目標、不畏艱難堅持追求目標、相信自己的能力。

如果這還不夠新鮮，還有這個：盼望是學習來的！史奈德提出，我們在他者的脈絡中，學習盼望和目標導向的思考。子女最常從父母身上學習盼望。史奈德說，要學會盼望，子女所需要的人際關係應具備界線、一致性、支持性等特點。明白自己有能力教導子女如何盼望，使我備感振奮、充滿能量。盼望不是胡亂冒險，而是有意識的選擇。

除了史奈德的研究，我的研究還發現，自述有盼望的人，不分性別都相當重視堅持不懈和認真工作。新潮文化的信念中，凡事都該好玩、快速、輕鬆。這與具有盼望的思想格格不入，也為我們設下無望感的陷阱。當我們碰上困難或必須投入大量時間和努力時，馬上就想：這應該很容易才對，不值得費力。或者，這應該簡單點：這會困難、緩慢，就是因為我對此不拿手。具有盼望的自我對話聽起來比較像是這樣：這很難，但我辦得到。

另一方面，對慣於認為任何值得努力之事都應伴隨痛苦和磨難的人（包括我）而言，我也學習到「**從來沒有樂趣**、快速、輕鬆」和「**總是只有樂趣**、快速、輕鬆」，這兩者對於盼望的害處不相上下。由於我追擊目標、堅持完成目標的能力如此之強（如同壓制頑強小牛直到牠力竭而屈服般），我痛恨學習到這一點。有這項研究之前，我相信唯有血汗與涕淚交織的事件，才算得上重要。可是，我又錯了。

當我們了解到有些值得努力的事物，會是困難、費時且毫無樂趣時，就會發展出盼望的心態。但另一方面，盼望也要求我們理解，不能只因為達成目標的過程恰巧是有樂趣、快速、輕鬆的，就認為這目標比困難的目標沒價值。如果想要培育出盼望的態度，我們就必須保持彈性，並展現出堅持不懈的態度。每一個目標看起來、感覺起來都不盡相同。耐得住失望、堅決的意志力、相信自己，這些都是盼望的精髓。

身為大學教授和學者，我跟老師和校務管理人員相處的時間非常多。過去兩年，我愈來愈擔心，我們培育出來的是承受不起失望並且權利意識強烈的下一代。權利意識與自我行動意識迥然不同。權利意識是「我想要，所以我值得擁有」，而自我行動意識則是「我知道這個我辦得到」。害怕失望、權利意識、表現壓力這三樣合起來，正是無望感和自我懷疑的製作配方。

無望感是危險的，因為那會導致無力感（powerlessness）。跟盼望這詞一樣，我們往往以為權力（power）是不好的。其實不然。馬丁・路德・金恩二世（Martin Lurther King Jr.）為權力下了最佳定義。他將權力形容為有效改變的能力。我們如果質疑自己對權力的需要，不妨想想：當你自認無力改變人生中的某些事，那是什麼感覺？

無力感是危險的。對於大多數人來說，沒有能力改變，會令人絕望。我們需要復原力和盼望，幫助我們度過懷疑和恐懼的心靈。如果我們想要用全意去活、用全心去愛，就必須相信自己能夠改變。

實踐批判性覺察

實踐批判性覺察就是據實檢核：將那些驅策小魔怪叫囂「永遠不夠好」的訊息和期望，拿來與現實核對。從我們一早起床，到晚上睡覺，來自生活中各個層面的訊息和期待就不斷對我們進行疲勞轟炸——從雜誌、電視休旅車廣告，到電影和音樂，全都很精確地告訴我們，外表應該如何、體重應該多輕、性交應該多頻繁、父母應該怎麼當、房子應該如何布置、車子應該買哪一款——排山倒海，難以抵擋。就我看來，無人能夠倖免。設法躲開媒體訊息，就如同試圖憋住呼吸以遠離空氣污染一樣——是一項不可能的任務。

眼見為憑的信念根植於人類天性。這一點使得生活在一個經過仔細編纂剪輯、過度生產、精心包裝的世界中，變得非常危險。如果我們想要培養具有復原力的心靈，並且停止落入陷阱，不再將自己的平凡生活與廠商製造出來的形象相提並論，那我們就必須知道如何據實檢核眼中所見。我們必須能夠自問自答以下這些問題。

1.我眼中所看見的是否真實？這些影像傳遞了現實生活，還是虛構的幻夢？

2.這些影像反映了健康、全心投入的生活，還是將我的生活、身體、家庭、人際關係給物化和商品化了？

3.我看見這些影像，並且感覺自己很糟糕，有誰會從中得到最大益處？提示：這跟金錢、控制，或金錢加上控制，永遠都脫離不了關係。

實踐批判性覺察不但對復原力很重要，也是羞愧復原力的四個要件之一。羞愧的作用就跟相機的伸縮鏡頭一樣。我們感覺羞愧的時候，相機的鏡頭就放大；鏡頭底下看見的淨是自己的缺點、孤單、掙扎。於是我們自忖：「我是唯一腰圍上擠得出一大圈五花肉的人嗎？這樣亂成一團、吵雜、失控的，是不是只有我家？我是唯一每週行房不到四點三次的那個人（而且對象是卡文．克萊的模特兒）嗎？我一定是有什麼問題。我非常的孤單。」

當鏡頭拉遠，這才看見全然不同的畫面。你會看見有同樣掙扎的人很多。所以「只有我這樣」的念頭會變成「我真不敢相信！你也是喔？所以我很正常啊？我以為只有我是那樣！」一旦開始看見更整體的畫面，就比較能夠針對自己的羞愧觸發點和永遠不夠好的訊息和對完美的期待，來進行據實檢核。

在教書和和羞愧研究的過程中，我從琴・基爾孟（Jean Kilbourne）和傑克森・凱茲（Jackson Katz）的研究裡發現驚人的洞察與智慧。他們兩位都探索了媒體形象與真實社會問題（諸如暴力、兒童性虐待、色情與媒體審查、男子氣概與孤單、青少女懷孕、成癮、飲食疾患等）之間的關聯。基爾孟寫道：「廣告是一個年度營業額超過兩千億美金的產業。我們每一個人每一天都暴露在三千個以上的廣告中。然而很稀奇的是，我們之中多數人都認為自己並未受到廣告影響。廣告所推銷的遠超過產品本身。它們推銷成功與價值、愛與性、流行與正常的價值觀、形象與概念。廣告告訴我們，我們是誰、該變成誰。有時候還會推銷成癮。」基爾孟和凱茲都發行了DVD，我大力推薦——他們改變了我看待世界和看待自己的方式（基爾孟最新的DVD是「溫柔殺手」第四集；凱茲的DVD標題是「硬漢的幌子：暴力、媒體、男子氣概的危機」）

如我先前所說，鍛鍊靈性為我們的生命帶來前景、意義、目的。我們允許自己接受文化制約，相信自己不夠好、錢賺得不夠多、擁有的還不足，心靈就會受損。也正因為如此，我認為實踐批判性覺察與據實檢核不僅有助於批判性思考，與靈性亦同樣息息相關。

麻木與感覺鈍化

我訪談過許多對自我價值沒把握的人。談到如何因應諸如羞愧、哀悼、恐懼、絕望、失望、悲傷這類困難情緒時，我不斷聽見一種需要，那就是讓自己對脆弱、不安和痛苦變得麻木，或是將感覺鈍化。受訪者敘述了麻木情感或幫助他們避免經歷痛苦的行為。其中有些受訪者完全清楚自己的行為具有麻痺效果，有些人則渾然不覺。當我與我所謂過著全心投入

唯有當我們拿出最真實的自己，他人欣然接受我們原本的樣貌，我們才能夠得到歸屬。

生活的受訪者談起相同主題時，他們都很一致地回答：設法去感覺自己的感受，對當下每一刻的麻木行為保持覺察，還有設法貼近令人不安的困難情緒。

我知道這是我研究中的關鍵重大發現。因此我安排了幾百次面談，設法更加了解麻痺自己的結果，以及鈍化感受的行為與成癮之間有何關聯。以下是我的發現：

1. 大多數人都會投入（無論是否意識到）一些有助於讓自己的脆弱感、不安感、痛苦感變得麻木或遲鈍的行為。
2. 成癮可說是長期性和強迫性的麻木與感覺鈍化。
3. 我們無法選擇性地讓自己對某些情緒麻木。我們麻痺了痛苦情緒的同時，也麻痺了其他正向情緒。

我們體驗過的極端強烈情緒都帶著荊棘般的尖刺。這些尖刺戳中我們的時候，會造成不適，甚至痛苦。光是想到自己會多害怕這些感覺，就足以觸發心中難以承受的脆弱感。我們知道即將來襲的感覺是什麼。對於許多人來說，我們面對這般鋒利的脆弱感和痛苦感，第一個反應並非貼近和徹底感受它，而是設法驅散它——最能快速舒緩的方式，就是讓自己對痛苦變得麻木遲鈍。我們用來麻醉自己的玩意兒可多了：酒精、毒品、食物、性、人際關係、金錢、工作、照顧別人、賭博、保持忙碌、外遇、混亂、購物、計畫、完美主義、不斷改變、上網。

進行研究之前，我以為麻木和鈍化只跟成癮有關。可是我再也不這麼認為了。現在我相信每個人都會運用麻木和鈍化，而成癮則是對這類行為的強迫性和長期性的投入。在研究中被我形容為全心投入生活的人，不分性別，對麻木行為並無免疫力。但他們與其他人的主要差別是，他們對於麻木的危險性有所覺察，並發展出能讓自己承受高度脆弱經驗的能力。

我相信基因和神經生理在成癮中的重要影響，但我也相信外頭還有多不勝數的人正與麻痺情緒和鈍化感受奮戰，因為成癮的疾病模式與這些人的經驗不盡相符，相較之下，情緒麻木過程的模式還比較吻合。成癮情況，每人各有不同。研究之初，我便非常熟悉成癮議題。如果你讀過《我以為只有我》那本書，或者看過我的部落格，你就會知道我曾經酗酒成癮，終於在十五年前成功戒酒。我從來不隱瞞我的經驗，但還不曾詳細寫過這段故事。因為我在著手全心投入這項新的研究之前，還沒搞懂這是怎麼一回事。

現在我懂了。

我的困惑其來有自。我總是感覺自己跟復原團體有些格格不入。戒癮和戒酒十二步驟是我生命中強而有力且影響深遠的重要原則。但復原團體裡的東西並非樣樣適合我。好比說，數百萬人因說出這句話而得到力量、保住性命：「你好，我是某某某，我是個酒精中毒患者。」但這從來就不適合我。即使我很感激自己不再喝酒，也肯定戒酒協會曾經一百八十度改變了我的生命。可是每次我嘴巴裡吐出這幾個字，總覺得心虛、古怪、不真誠。

我經常懷疑自己會感覺格格不入，是因為我同時要戒除的項目太多。

我的第一位輔導員搞不清楚我需要什麼聚會，對我的「高標準」也深感困惑（我之所以戒酒，是因為我想更認識真實的自己，而我的瘋狂派對女郎人格面具總是出來礙事兒。）有一個晚上，她看著我說：「妳的成癮問題像個開胃菜拼盤——每樣都只有一點點。為了安全起見，如果妳可以戒掉喝酒、抽菸、拿食物當安慰，還有把家人的事情都攬在身上，那妳就沒問題了。」

我記得自己看著她，把叉子摔在桌上說：「好啊，真好啊。我要真有這麼多太空時間參加聚會就好了！」我從來沒找到合適的聚會。我拿到碩士學位的第二天就不再抽菸、喝酒，接著花了充分時間參加聚會以努力完成十二步驟，並做到足足一年滴酒不沾。

現在我知道原因了。

我人生大部分時間都在設法擺脫脆弱感和不確定感。我的成長過程中沒有訓練我「貼近不適感」所需的技巧和情緒性操練，所以長期下來，我成了一個用酒精鈍化感受的酗酒者。但是戒癮匿名會並沒有這類型聚會。

幾次簡短嘗試之後，我很快就明白，在單純戒酒的聚會中用這種方式描述自己的成癮，並不是每一次都能夠得到很好的回應。

對我來說，讓我的青春失控的不只有舞池、冰啤酒、萬寶路淡菸——還有香蕉麵包、洋芋片沾乳酪醬、電子郵件、工作、保持忙碌、止不住的憂慮、計畫、完美主義，只要有什麼是能夠緩和這些痛苦難忍、促發焦慮的脆弱感，我就會上癮。

我有兩、三個朋友，對於我所謂的用酒精鈍化感受的酗酒者有所回應。他們擔心自己的習慣：「我每晚喝個兩、三杯紅酒——這樣很糟糕嗎？」「我心理壓力大或沮喪的時候就會去逛街大血拼。」「如果我不四處亂跑、保持忙碌，就會渾身不對勁。」

經過多年研究，我再度確信人人都會運用麻木和鈍化感受的伎倆。問題是，我們的——（吃、喝、消費、賭博、拯救世界、忍不住要八卦、完美主義、每週工作六十小時）會不會成為自我真實的障礙？會不會成為我們誠實面對情緒、設定界線、感到自己夠好的阻礙？又會不會成為我們不介入論斷和感受連結的妨礙？我們是否運用——來躲避或逃離現實生活？

透過脆弱感的角度，而非斷然由成癮角度來理解我的行為和感受，改變了我整個人生。這也強化了我對於清醒、戒癮、健康以及靈性的承諾。我絕對說得出口：「你好，我是布芮尼。今天我想用一塊油炸蘋果甜甜圈、一罐啤酒和一根菸，還有七個小時玩臉書，來應付脆弱和不確定。」說出這話很不自在，但是非常誠實。

我們麻痺了黑暗情緒對於正向情緒也會無感

我的研究還有另一項完全出乎意料的發現。那就是沒有「選擇性的情緒麻木」這種事。人類情緒如同連續的光譜一般豐富，我們若讓自己對黑暗情緒無感，對正向情緒也會變得麻木。過去，我緩和痛苦感和脆弱感的同時，也無意中「鈍化」了我的正向感覺，例如對於喜樂的感受。回顧過去，我很難想像有哪個研究發現能夠像這個一樣，讓我的日常生活產生這麼多的改變。現在我能夠貼近喜樂，甚至當我在喜樂中感到脆弱而且容易受傷的時候，我還是能夠貼近它。事實上，脆弱、容易受傷都在我的預期之中。

喜樂，帶著和所有黑暗情緒如出一轍的尖刺。熱烈地愛一個人、全心相信一件事、即時慶祝一個重要時刻、全力投入新生活卻沒人能擔保一定會幸福——這些都有受傷的風險，也往往難免痛苦。當我們失去了容忍不適的能力，也就失去了喜樂。事實上，成癮研究顯示，強烈的正向經驗和強烈的痛苦經驗，對於再度上癮的影響力不相上下。

我們不可能列出一張「壞」情緒清單說：「我要把這些麻痺掉。」然後再開一張正向情緒清單說：「我要全力投入這些！」你可以想像這個做法會製造出什麼樣的惡性循環：我的喜樂經驗不多，所以艱難來臨時，我也沒有貯存太多喜樂可供提取。如此一來，痛苦感變得更強了。所以我麻痺自己，以免感覺到痛苦。但因為我麻木了，所以也體驗不到喜樂。循環就這樣繼續下去。

下一章我會多談談喜樂。不過現在，因為敏銳的感覺開始逐漸回到我的生活中，我正在學習一件事：承認和貼近脆弱感所帶來的不適，能讓我們學會如何帶著喜樂、感謝和仁慈的心生活。我還學習到：貼近情緒的不適和恐懼時，同時需要靈性和復原力。

經常有人問我一個問題（尤其是我學術界的同儕們），而這個問題恰是了本章中最困難的部分：靈性是復原力必要的一部分嗎？答案：是的。

無望、懼怕、責備、痛苦、不自在、脆弱、疏離，這些感覺都會破壞復原力。而似乎只有一種經驗，具備足夠廣度和力道，得以戰勝這一串負面情緒。那就是相信我們全都在某種比我們更強大的力量的羽翼之下，這力量能夠把愛和仁慈帶入我們的生命。還有，我並未發現任何靈性的「解讀」跟復原力有關連。復原力跟教派或教義無關。帶來療癒並創造復原力的，是靈性的「操練」。對我個人而言，靈性是與上帝相連結。而我最常用的方式，是透過大自然、親朋好友、音樂。我們都必須用一種能夠激勵自己的方式來界定靈性。

不論我們正在克服逆境、在創傷中倖存，或正在因應內心的壓力和焦慮，在生命中擁有目的感、意義、遠景，能使我們產生理解並且向前邁進。若沒有目標、意義、遠景，就會容易失去盼望、麻痺情緒，或者被環境壓得喘不過氣。我們會感覺無力、有能感降低，並且在做困獸之鬥時失去方向。靈性的核心是連結。當我們相信那份不可分割的連結，就不會感到孤單。

向深處挖掘

D·刻意（Deliberate）：這個稱為「AEIOUY—母音檢驗」的「意向設定提示」，是我一位好朋友在戒癮十二步驟聚會中聽到的。

A（Abstinent）＝我今天是不是沒碰上癮物？（你要如何界定上癮物都可以，但是我發現如果是食物、工作、電腦，界定起來就比較有挑戰性。）

E（Exercise）＝我今天運動了嗎？

I（I）＝我今天為自己做了什麼？

O（Others）＝我今天為別人做了什麼？

U（Unexpressed）＝我今天是否還有壓抑尚未表達的情緒？

Y（Yeah!）＝耶！今天發生了哪些好事？

I．激勵（Inspired）：學者兼作家伊莉莎白．寇布勒—羅斯（Elisabeth Cobbler-Ross）的這句話很激勵我：「人就好比彩色鑲嵌玻璃。陽光照射，便發亮閃耀；當黑暗來臨，唯有由內而發的光芒才能夠使玻璃的美麗展現出來。」我真的相信自己在具有復原力的受訪者身上所看到的光芒，正是他們的靈魂。「由內而發的光芒」，我欣賞這個概念。

G．行動（Going）：我喜歡每天默想和禱告。有時候，讓我繼續前進的最好方式，是安靜地禱告。

你是如何向深處挖掘的呢？

第四號路標

放下匱乏，不要黑暗

感恩和喜樂

我們允許自己承認事情真的如此美好的時候，喜樂就這麼產生了。

——瑪莉安．威廉森（Marianne Williamson，靈性導師與作家）

我前面說過，研究中發現某些概念呈現成組、成對的現象讓我很驚訝。這些「概念集群」使我的思考模式產生重大轉變，改變了我對生活和日常選擇的看法。

愛與歸屬就是一組很好的例子。現在我了解到，為了感受到真實的歸屬感，我必須先珍愛自己；我也了解到，表現出真實的自己，才有可能感到歸屬。多年以來，我自以為是的次序正好與此相反：我以為必須不計代價融入團體，才會感受到接納；而得到接納會讓我更喜歡自己。（寫著這段文字的同時，我想到，不曉得有多少年我都用這種耗力費神的方式過日子，難怪我長期下來一直都這麼疲倦！）

這項研究不但在許多方面教我用新方式來思索自己想要的生活和愛是什麼樣子，它也教會了我經驗與選擇之間的關聯。我生命中一項重大而深刻的改變，是在我終於搞懂感恩和喜樂之間的關聯時產生的。我以前一直以為擁有喜悅的人就會是感恩的人。我是說，他們擁有了所有值得感恩的美好事物，哪會不感恩呢？但是，就在我投下難以計算的時間蒐集了喜樂和感恩的故事之後，有三個很清楚的模式浮現出來：

＊訪談中形容自己過著喜悅生活的人，或者形容自己很喜樂的人，都是積極實踐感恩的人。而且他們都會將自己的喜樂歸因於經常感恩。毫無例外。

＊他們經常將喜樂和感恩描述成靈性的操練，並且相信喜樂和感恩兩者跟人們的相互連結有關，也和超乎人類的力量有所關聯。

＊他們可以很快指出快樂和喜樂的不同在於：快樂是一種與處境相關的情緒，而喜樂是一種以「靈性與實踐感恩」來與世界交會的方式。

感恩

說到感恩，在整個研究過程中最引人注意的字眼就是**實踐**。我猜想其他學者的反應未必會像我這麼震驚，然而對我這種把知識看得比實踐重要的人來說，訪談中所聽到的這些話語，都像是一種要我採取行動的召喚。其實比較保險的說法是，那次我心有不甘地承認了實踐的重要性，結果啟動了我「**崩解靈性覺醒的**二〇〇七」。

我多年來一直認定「感恩是一種態度」。然而，我在研究中學習到，態度是一種思考的方向或方式，**但「態度」未必會轉換成行為**。

就拿我還滿明顯的瑜伽態度來說吧。引導我生活的各種理想和信念，都和我對瑜伽的認識和信念十分類似。我重視正念、呼吸法、還有身─心─靈的關聯。我甚至還有瑜伽服呢。可是我很肯定地告訴你，如果讓我站在瑜伽墊上，叫我倒立或是做個體位法，我的瑜伽態度和瑜伽服裝就全都沒用。我坐在這兒寫這段話，卻從來沒練過瑜伽。我打算在這本書出版送到你手上之前，挑個時間開始練習，只不過到目前為止，我還沒把瑜伽態度化為行動。所以，真正重要的，是站在瑜伽墊上；不然，我的瑜伽態度根本不會發生任何作用。

那麼，感恩的實踐是什麼樣的呢？我訪談的對象都提到記錄感恩筆記、每天把可以感恩的事情放在默想或是禱告中、用感恩做為藝術創作主題，更有人索性在壓力重重的繁忙日子裡暫停下來，大聲說：「我很感謝……」這些**全心投入**生活的人談起感恩時，話語中總是充滿許多動詞。

感恩少了實踐，就有點像信德缺乏了行動──那樣的信德是死的。

喜樂是什麼？

喜樂對我而言似乎更超越快樂。
快樂是生活中某些幸運時刻的一種氛圍。
喜樂是用希望、信德和愛將你填滿的一種亮光。
——阿黛拉・羅傑・聖約翰（Adela Rogers St.Johns，美國作家與劇作家）

研究告訴我快樂和喜樂是不同的經驗。受訪者會說類似這樣的話：「保持感恩和喜樂，不代表我一直都很快樂。」許多時候，我會針對這種類型的陳述問得更深：「那麼，你保持感恩和喜樂，可是並不快樂的時候，是什麼樣子來著？」答案通常很類似：快樂跟處境有關，喜樂跟靈性與感恩有關。

我也學習到喜樂和快樂都不是持續性的；沒有人會時時感到快樂或喜樂。這兩種經驗都會來來去去。快樂附屬於外在情境和事件，而且似乎隨著情境、狀態的生滅而起伏。喜樂則似乎透過靈性和感恩，與我們的內心持續牽絆。然而喜樂的真實經驗——也就是這些具有深度靈性連結的強烈愉悅情感——卻以一種令人感到脆弱的方式攫住我們。

研究資料中呈現這些差異之後，我就四處尋找其他學者有關喜樂與快樂的作品和文獻。有趣的是，最能夠將我的發現描繪清楚的，是一位神學家的解釋。

衛理公會的安妮・洛勃森牧師（Anne Robertson）是一位作家，也是麻州聖經公會的執行總監。她闡釋**快樂**和**喜樂**的希臘原文，對現代人而言為何蘊含了重要意義。她說，快樂的希臘原文makarios是用來形容有錢人免於一般照護與擔憂的自由，或者用來形容一個人獲得了某種形式的好運，例如錢財或健康。洛勃森將makarios與希臘原文中的喜樂chairo作比較。古希臘人將chairo描述為「人類存在之極致」以及「靈魂的好心情」。洛勃森寫道：「古希臘人告訴我們，chairo只能夠在上帝身上找到，並有美德、智慧伴隨。其並非最基本之美德；乃是以極致高峰之姿態出現；其反面並非哀傷，乃是懼怕。」

快樂和喜樂都是我們所需要的。我認為，創造和辨識出快樂的經驗是很重要的。我非常喜歡葛瑞琴·魯賓（Gretchen Rubin）寫的《過得還不錯的一年：我的快樂生活提案》（*Happiness Project*），還有塔爾·班夏哈（Tal Ben-Shahar）的研究與著作《更快樂》（*Happier*）。但是除了創造生活中的快樂，我發現必須養成某些會帶來喜樂，尤其是帶來感恩的靈性實踐習慣。我願意生命中有更多快樂經驗，但我更盼望從感恩和喜樂的境界出發來生活。為了做到這一點，我認為必須認真檢視是哪些事物阻礙了感恩和喜樂，甚至某個程度上，也要檢視是什麼阻礙了快樂。

匱乏與畏懼黑暗

我第一次嘗試把阻礙感恩和喜樂的事物寫出來時，是坐在客廳沙發上。鄰座放著筆電，手裡握著研究紀錄日誌。我寫累了，寫不下去，盯著掛在餐廳入口的星星燈串看了一個小時。透亮閃爍的小燈總令我著迷。我覺得這些小燈讓世界變得更美好，所以家裡一年到頭都懸掛著串串小燈。

我一邊盯著閃爍的燈串，一邊翻閱手裡的故事，然後拿起一枝筆來，寫下這段話：

> 星星燈串是喜樂最好的比喻。喜樂並非恆常，而往往是在最平凡的片刻降臨我們身上。有時候我們錯過喜樂迸發的時刻，因為我們忙於追逐不平凡的時刻。而另一些時候，我們太過畏懼黑暗，以至於不敢容許自己享受些許閃亮。
>
> 喜樂的生活不像強力探照燈——探照燈終究會令人難以忍受。
>
> 我相信喜樂的生活是由許多喜悅的時刻組合而成；而諸多喜樂的片刻之間，則由信任、感恩、啟發和信德，從中優雅串連。

經常點閱我部落格的朋友都能看得出來，這正是我稱之為「TGIF星期五餐廳」——週五感恩貼文的主調。我把上面這段話轉換成為一個小小的網頁徽章（badge）。這是我實踐感恩的方式之一。每週我將所信任

的、**感恩的**、**有所啟發的**事情，還有我如何實踐了信德，都一一寫成網頁貼文。而每一篇讀者回應，都對我有不可思議的影響力。

喜樂和感恩的經驗可能十分細微，也可能非常強烈。我們是焦慮的族類。我們之中許多人極度難以忍受脆弱。我們的焦慮和恐懼可能會以匱乏的形式彰顯出來。我們暗忖：

* 我不要讓自己感覺這份喜樂，因為我知道它不會持久。
* 承認我有多麼感激，等於是開門邀請災難臨頭。
* 我寧願放棄感覺喜樂，也不要提心吊膽地等待結果。

畏懼黑暗

我向來容易擔憂和焦慮。我成為母親之後，犧牲喜樂、感恩，向匱乏妥協，彷彿變成我的全職工作。有好多年，擔心孩子遇到壞事的恐懼，已使我無法充分擁抱喜樂和感恩。每當我感受到孩子帶給我的喜悅、自己有多麼愛他們的時候——也就是我太過軟化而貼近純然之喜樂的時刻，我腦海中會浮現可怖的情境；我會看見自己在瞬間失去擁有的一切。

起初我以為是自己瘋了。全世界只有我這樣嗎？後來我跟治療師開始討論這方面問題之後，才明白「美好得太不真實」跟恐懼、缺乏、脆弱感之間有著徹底的關聯。

知道這些都是挺普遍的情緒以後，我鼓起勇氣，跟大約五百位來聽我發表親職演說的家長分享這些經驗。我舉例說，有一次我站在女兒床邊看她睡覺，感恩之情如同海水包圍了我，但突然間她慘遭噩事的影像卻硬生生將我從那份喜樂和感恩的圖像中撕扯出來。

全場鴉雀無聲，你彷彿可以聽見一根針掉在地上的聲音。**我心想，完蛋了。是我瘋了。他們全坐在那兒，一臉「她是瘋子，我們現在該如何逃離現場」的表情。**突然，我聽見後排座位傳來一個女人的哭聲；不是低聲抽泣，而是嚎啕大哭。緊接著前排座位有人大喊：「我的天呀！我們為什麼會那樣？那是什麼意思？」演講廳裡的家長們爆發出某種狂熱與振奮。

果然不出所料，我並不孤單。

我們大多數人都有這種在喜樂邊緣，卻為脆弱感征服並陷入恐懼的經驗。除非有朝一日我們能夠承受得住脆弱感，並且將之轉化為感恩，否則強烈的愛的感受往往會帶來失去的恐懼。如果我必須為我所學習到的恐懼和喜樂下一個總結，我會說：

黑暗不會摧毀光明，黑暗為光明描繪輪廓。是我們對黑暗的恐懼，將我們的喜樂拋入陰影之中。

匱乏

焦慮和恐懼的時刻，繁殖出匱乏。我們害怕失去最愛，痛恨人生沒有任何擔保。我們以為不感恩、不感覺喜樂，受傷就會輕一些。我們以為如果可以先想像失去，以此徹底打壓脆弱感，痛苦就不會那麼嚴重。我們錯了。擔保從來不存在：如果我們不實踐感恩，也不容許自己了解喜樂，這兩種支持我們度過無可避免的艱困時刻的力量，將與我們擦肩而過。

以上我所描述的，是不確定性與缺乏安全感。但是匱乏還有其他品

喜樂的反面不是哀傷，乃是懼怕。

種。我的朋友琳恩．崔斯特（Lynne Twist）寫過一本絕妙好書《金錢的靈魂》（*The Soul of Money*）。在這本書中，琳恩闡述了匱乏的迷思：

對我，還有大多數人來說，早晨醒來第一個念頭是：「我還沒睡飽。」第二個是：「我時間不夠用。」無論這是否真確，但這種不夠的念頭在我們還來不及想到要質疑或檢驗前，就已經自動產生了。我們耗費人生大部分的時間聆聽、解釋、抱怨，或者擔憂這些不夠：運動得不夠、工作量還不夠、利潤不夠、權力不夠、空地不夠、週末不夠。當然還有我們的錢——永遠不夠。

我們不夠苗條、不夠聰明、不夠漂亮、體適能不夠好、學歷不夠高、還不夠成功和富有——永遠都不夠。我們還沒從床鋪上坐起身，兩腳也還沒落地，就已經不足了、落後了、輸了、匱乏了。晚上上床睡覺以前，與我們的心思意念不斷競逐的，是我們當天還沒得到的、還沒做完的。我們背負著這些沉重的念頭入睡，醒來又進入凡事缺乏的幻境……原本僅僅是表達生活忙碌或挑戰的一句話，卻逐漸演變成生活不滿足的人，自圓其說的主要藉口。

我讀到這段話的時候，感到國人如此渴望喜樂其來有自：我們飢渴，因為我們缺乏感恩。琳恩說，談論匱乏並不意味著尋找富足，反而是選擇了一種豐盈思維模式：

> 我們每個人都有選擇，可以在任何處境之中退開一步，放下匱乏的思維模式。一旦放下匱乏，就會發現豐盈之中令人驚喜的真相。我所說的豐盈，指的並非大量的物質。豐盈與否不在於是否貧窮，也不在於是否富足。豐盈與數量完全無關。豐盈是一種經驗，是我們製造出來的一種情境脈絡，是一種宣言；知道一切夠用、知道自己足夠。
>
> 豐盈存在於每個人的心裡，我們可以將它呼喚出來。
>
> 豐盈是一種意識、一種注意力；是我們如何看待自身處境的一種刻意選擇。

匱乏也是小魔怪補充能量的最佳糧食。從早期的羞愧研究以及最近的這項研究中，我體會到，太多人以為能帶來喜樂的事物肯定是超凡脫俗的。我在《我以為只有我》書中寫過：「我們似乎會用一個人受到公眾認同的程度，來衡量他貢獻之價值（有時候還會拿來評定這個人一生的價值）。換句話說，是用名氣和財富來衡量價值。我們這個文化會迅速摒除安靜、平凡、辛勤工作的男女。我們也經常將**平凡**與**無趣**畫上等號，或者更危險的，是**讓平凡**成了**無意義**的同義詞。」

我從訪談中學習到平凡的價值。許多受訪者，無論男女，若曾經歷過重大失落，例如失去子女，經驗暴力、大屠殺以及創傷，他們最珍視的記憶都是日常生活中最平凡的時刻。很明顯地，各種平凡的時刻集合起來，鍛造了這些人心中最寶貴的記憶；而他們也希望別人能夠停下腳步、留下足夠的時間，來為那些平凡時刻，以及平凡時刻所帶來的喜樂而感恩。靈性作家瑪莉安．威廉森（Marianne Williamson）說過：「我們允許自己承認事情真的如此美好的時候，喜樂就這麼產生了。」

帶給我極大啟發的，是來自每天平凡時刻中的「微劑量喜樂」。

向深處挖掘

D．刻意（Deliberate）：恐懼和匱乏像洪水般襲擊我的時候，我設法藉著承認恐懼，將喜樂和豐盈呼喚出來；然後將恐懼轉化為感恩。我會這樣大聲說：「我感覺很脆弱，可是沒關係。我因為——（某件事情）真的很感恩。」這麼做，毫無疑問地增加了我享受喜樂的能力。

I．激勵（Inspired）：帶給我極大啟發的，是來自每天平凡時刻中的「微劑量喜樂」。走路帶孩子上學、在運動跳床上亂蹦、全家人坐下來吃飯。承認這些時刻就是人生，這已改變了我對工作、家庭和成功的看法。

G．行動（Going）：從輪流謝飯禱告，到更具創意的計畫，像是創作存放生活感恩小紙條的瓶罐，我們運用這些小事，把全心投入變成全家共同參與的事。

你是如何向深處挖掘的呢？

第五號路標

不確定也沒關係
直覺力和信心

自我信任，是從你自己直接的經驗中自然發展而得的；
你學習信任身體的本能，你的心的直覺，
以及你的心智汲取宇宙智慧的能力。

——丹．米爾曼
（Dan Millman，《深夜加油站遇見蘇格拉底》作者）

與這項研究歷程有關的每一件事情，都用一種超乎想像的方式催逼著我。觸及信心（faith）、直覺和靈性之類的主題時，尤其如此。資料初次呈現出直覺和信心是全心投入生活的關鍵模式時，我有些退縮。我再度感到自己的好朋友——邏輯和推理遭受攻擊。還記得我跟史狄夫說：「信不信由你，這回呢，資料裡冒出來的是直覺和信心！」

他答：「我很驚訝妳會驚訝。妳平常都是靠信心和直覺在做事啊。」

這句話卸除了我的防衛。

我在他身邊坐下：「對啊。我知道我是那種本能會運用直覺和信心的女人，可是我好像不是很直覺型的。你看，字典上對直覺的定義是：『對於真相或事實的直接感知，獨立於任何推理過程之外。』」

史狄夫輕笑出聲：「好吧，也許這個定義跟妳從資料裡面得到的訊息有出入，那妳就重新給個定義嘛。反正也不是第一次嘍。」

我花了一年專注在直覺和信心上。我訪談、蒐集許多故事，想要讓自己從知識層面到心理層面都徹底理解培養直覺和信任信心是什麼意思。我學習到的東西，令人吃驚。

直覺

直覺並不獨立於任何推理過程之外。事實上，心理學家相信直覺是一種急速連續發出、無意識的聯想過程——就像是一種心智遊戲。大腦觀察、掃瞄存檔，然後在觀察所得與既有的記憶、知識、經驗之間配對。一旦完成一系列配對，我們就會在所觀察的事物上，得到一種「膽識」。

有些時候，直覺（或膽識）告訴我們所需要知道的事情；有些時候則引領我們探尋事實與推理。結果呢，直覺可能是心中無聲的言語，而且不會只有單一訊息。有時候直覺會在我們耳邊私語：「跟隨你的直覺。」另有些時候，直覺會大聲疾呼：「你得看看這個；我們沒有足夠的資訊！」

我在研究中發現，使直覺變得啞然無聲的，是我們對「確定性」的渴望。大多數人很難忍受「未知」的狀態。我們太過於喜歡肯定的事物、喜歡得到擔保，結果忽略了大腦將資料配對的結果。

例如，我們寧可變得害怕，然後從別人身上尋找擔保，也不願意尊重強烈的內在直覺。

＊你認為呢？

＊我該不該這樣做？

使直覺變得啞然無聲的，是我們對「確定性」的渴望。

＊你認為這個主意好不好？還是你覺得我會後悔？

＊你會怎麼做？

對於這類調查式的問題，我的典型回答是：「我不確定你該做什麼。你的直覺說什麼來著？」

就是這個東西。你的直覺說些什麼？

我們搖頭說：「我不確定。」

其實，真正的答案是：「我不清楚我的直覺說些什麼；因為我很多年沒跟它講話了。」

我們會四處問東問西，多半是因為不信任自己已經知道的事物。我們感覺太過搖擺和不確定，所以想要得到保證，也想藉此找到可以分攤責難的對象，以防萬一結果不妙。這些伎倆我全都知道。我的專業是調查研究——獨行其是對我來說有時候很困難。每當我要做出困難決定，而且感覺跟自己的直覺分離時，我會徵詢身邊每一個人的意見。

很諷刺的是，自從進行這項研究，我對調查特別有所警覺——調查讓我看見，做決定會讓我有脆弱感。

我前面說過，如果學會信任直覺，直覺甚至會告訴我們，在某件事情上，直覺還派不上用場，因為需要進一步的資料。我再舉一個例子，來說明對「確定性」的需要，如何破壞了我們的直覺。如果我們忽略直覺的警告而不肯放慢腳步、蒐集更多資訊，或據實檢核我們的期待，例如：

* 我決定就這樣做。管不了那麼多了。
* 左思右想我快累死了。這樣壓力太大。
* 我寧可趕快行動，也不想再多等一會兒。
* 我受不了未知。

莽撞地一頭栽入重大決定，可能是因為我們並不想知道認真調查出來的答案。我們知道實事求是的結果可能使我們偏離原本自以為想要的東西。

我向來告訴自己：「如果我很怕跑統計數字或是把想法寫下來，那就別做。」我們一心想要趕快做決定了事的時候，最好自問是否還有時間可以好好思考並做出審慎的決定，只不過自己受不了這段期間的脆弱感。

因此，顯而易見的是，直覺未必是經由接近內在而來的答案。有時候我們連繫上內在智慧，而內在智慧會告訴我們，仍需要更多調查才能知道如何做決定。下面是我根據研究，給直覺親手打造的定義：

直覺並非理解事物唯一的方式。**直覺是我們為不確定性保留空間的能力。直覺也是一種意願，願意信任自己有多種發展知識與洞見的方式，包括本能、經驗、信心、推理。**

信心

我逐漸體會出，信心和推理並非互為天敵。要求確定性是人性的需要，而我們對於「做對事」的需求，則近乎魯莽地挑起了信心和推理之間的對立。我們強迫自己用單一種方式理解世界，做出選擇、為選擇辯護，並且以他人的利益為代價。

我了解信心和推理之間會有衝突，製造出不舒服的張力——我的生活中有很多這類張力，我打從骨子裡知道那種感覺。但是這次的研究逼得我正視一件事，那就是大部分內在衝突和焦慮的產生，都是從恐懼未知和害怕犯錯而來。在不確定的環境中，我們同時需要信心和推理來創造意義。

我訪談生活在全心投入之旅中的智慧男女時，不知道有多少次聽見擁有信心和我的信心這樣的字眼。起初我以為他們所謂的信心，指的是「凡事都有原因」。我個人為此掙扎許久，因為我覺得用上帝、信心或是靈性來解釋悲劇不太對勁。若有人說：「凡事都有原因。」那其實聽起來很像是用確定性來取代信心。

不過我很快就從訪談中得知，信心對這些人有著不同的意義。根據訪談研究，這是我為信心所下的定義：

信心是一種神祕的境界；我們在其中找到勇氣，相信眼所未見之事，我們也在其中找到力量，放下對於不確定的恐懼。

而且我也發現，科學家不見得就會有信心方面的掙扎，有宗教信仰的人也不見得就能完全擁抱不確定。宗教中多種不同形式的基本主義和極端主義，就是放掉信心、選擇確定性。

我欣賞神學家理查・羅爾（Richard Rohr）的這段話：「我的科學家朋友們想出『不確定原則』和黑洞這些東西。他們願意活在想像的假說和理論之中。但是有很多宗教人士堅守恆真的答案。我們喜歡結論、決議、清清楚楚的東西，同時還以為我們是有『信心』的族群！『信心』這個詞到頭來卻有了徹底相反的意涵，這多古怪啊。」

我們決定要全意去活、全心去愛的時候，信心是很重要的。這個世界裡，多數人在甘冒脆弱和受傷的危險之前，想要的只是保證。所以要說出：「我要**全心投入**生活」這話的前提，是不憑眼見的相信。

大部分內在衝突和焦慮的產生，都是從恐懼未知和害怕犯錯而來。

向深處挖掘

D．刻意（Deliberate）：不要把確定性看得那麼重要，是我的重大挑戰之一。對於「未知」，我甚至會有生理反應——是一種結合了焦慮、恐懼和脆弱感的生理反應。這種時候我都必須特別安靜、保持平靜。因為有小孩，加上生活緊湊，我所謂保持平靜的意思可能是躲在車庫裡，或者開車在鄰街逛逛。我必須不計代價，找到平靜的方式，讓我聽見自己的聲音。

I．激勵（Inspired）：宣告重拾我的靈性和信心生活，並不是一個輕而易舉的過程（所以才會有「崩解靈性甦醒的二〇〇七」）。這裡有一段話，真正撬開了我的心。那是安妮．拉莫特（Anne Lamott）書上的一段話：「信心的相反不是懷疑，而是確定。」她在信心和恩典方面的著作啟發了我。另外啟發和拯救我的，還有蘇・蒙克・奇德（Sue Monk Kidd）的《當我心等待》（*When the Heart Waits*）和佩瑪・丘卓的《與無常共處》（*Comfortable with uncertainty*），我衷心感謝。最後，我徹頭徹尾愛死了保羅・科爾賀（Paulo Coelho）所著的《牧羊少年奇幻之旅》（*The Alchemist*）裡面的這一段話：「……直覺是靈魂突然浸沒於宇宙生命潮流的狀態，在其中所有歷史與全人類相連相繫，於是我們得以知道所有事物，因為一切都已註寫其中。」

G・行動（Going）：我很害怕或是沒有把握的時候，我需要馬上有個東西讓我從渴望確定性的焦慮中冷靜下來。「寧靜禱文」對我很管用。上帝，請賜我寧靜安穩，接受無法改變的事物；請賜我勇氣，改變我能夠改變的事情；請賜我智慧，分辨何者可以改變、何者不能。阿門！

你是如何向深處挖掘的呢？

第六號路標

放棄比較
開啟創造力

創造力點燃熱情，讓人活力洋溢。
假使創造力無法展現，結果會是憂愁和病痛。
——皮耶洛・費魯奇（Piero Ferrucci），《美，靈魂的禮物》

我最美好的童年回憶中，有好些是跟創造力有關，而且大部分都來自於住在紐奧良的那些年。我家距離杜蘭大學兩條街，是一棟標新立異的粉紅色灰泥雙併、有獨立出入門戶的兩層樓房。我還記得媽媽跟我會為木製的鑰匙圈上色，一畫就是好幾個小時。這些鑰匙圈的形狀像小烏龜和小蝸牛。她還會帶著我和我的朋友們，用亮片和小毛氈做手工藝品。

媽媽和她的朋友們穿著喇叭褲從法國區的市場回來，做合掌瓜鑲肉和其他美食的記憶，至今都還歷歷在目。我迷上了擔任廚房幫手，所以有一天，爸爸和媽媽答應讓我自己作飯。他們說，我可以用任何食材做任何我想做的菜。我做了燕麥葡萄乾餅乾，但沒有加肉桂粉，卻放了烹調螯蝦的香料。結果整間房子腥臭了好幾天。

我媽媽也很喜歡縫紉。她幫我做了跟她相同款式的寬版連身無袖洋裝（連我的布娃娃也穿上一模一樣的小洋裝）。我很驚訝這些記憶全都和創意有關，而且非常真實，還有觸感——我幾乎可以摸到和聞到這些事物。這些記憶之中也飽含了溫柔美好的意義。

只可惜，我的創作記憶到了八、九歲就戛然而止。小學五年級之後，就再也沒有任何創造力方面的記憶。那時我們搬離花園區的小房子，住進廣闊的休士頓近郊的一間大宅。每一件事情好像都變了。我們在紐奧良的家，四面牆上吊滿了媽媽、親戚跟孩子們做的彩繪松果；每一扇窗前，掛的都是手工窗簾。這些東西可能很多餘，但在我的記憶中，全都好漂亮。

在休士頓，我記得自己初次踏進好些新鄰居的家門時，心想他們的客廳真像時尚旅館的大廳——我很清楚記得當時我是這麼想的：**這裡跟福華飯店還是假日大飯店好像吶**。那兒的落地窗簾又厚又重，大沙發配上同款式的椅子，還有透亮的玻璃桌。端放在玻璃展示櫃上的塑膠植物，十分矯情地伸展著一身藤蔓。點綴桌面的，是一籃又一籃的乾燥花。而且奇怪的是，每戶人家的客廳看起來都大同小異。

雖然家家戶戶都時髦得大同小異，但學校裡卻完全不是那麼回事。我在紐奧良讀的是天主教學校，大家看起來一模一樣，唸著相同的禱告詞，連行為舉止也都幾乎沒兩樣。但到休士頓後，我進入公立學校，意思就是沒有制服。新學校裡，好看的衣服才算數。可是自家做的好看衣服還是不算數，得是「大型百貨商場」買來的才行。

我爸爸在紐奧良的時候，白天上班，晚上去羅耀拉法學院進修。那時候家裡總是有一種閒適有趣的氣氛。可是一到了休士頓，爸爸每天一早就穿上正式服裝，和鄰居的爸爸們一起通勤，到一家原油瓦斯公司上班。事情改變了。那次搬家從許多方面徹底地改變了我們家。我父母親全力朝向追求成就和擁有物質的軌道出發；取代了創意的，是令人呼吸困難的組合——追求融入和比別人強——也就是一般所說的比較。

比較，是徹頭徹尾的從眾和競爭。乍看之下，從眾和競爭是互斥的觀念，但其實不是。跟人比較的時候，我們是從特定一組「類似的東西」之中，看看誰或什麼東西是最好的。我們可能會跟價值觀南轅北轍的家長比較親職能力，但真正令人光火的比較，是跟隔壁鄰居、是跟孩子的足球隊成員，要不就是跟學校裡的人相比。我們不會拿自己的房子跟城鎮另一頭的豪宅相比；我們會拿自家庭院跟同一條街上的庭院相比。我們希望在比較的時候，自己或是自己所擁有的，在我們的團體之中列名首位。

比較所要求的從眾性，演變成「融入與突顯」之間的嚴重弔詭！比較不是培養自我接納、歸屬、真實；而是要跟大家一樣，而且還要更好。

很顯而易見的，如果我們把無窮無盡的精力在耗費在從眾和競爭上，

比較，是偷取快樂的竊賊。

要騰出時間進行諸如創意、感恩、喜樂和真實等重要的事情，會有多麼困難。現在我才明白為什麼我的好友蘿拉・威廉斯總是這麼說：「比較是偷取快樂的竊賊。」不知道有多少次我正滿意於自己、生活和家庭的時候，只因為我有意無意間開始與人相比，那份滿意頓時煙消雲散。

回到我自己的故事。我愈年長愈不重視創意，也更少花時間在創造性的活動上。若有人問起我手工藝、藝術或創作這類事情，我一律給予標準答案：「我不是有創意的那種人。」而我內心真正的想法是：**手邊有這麼多要達成和沒做完的正經事，誰有那種太空時間畫畫、素描和拍照啊？**

到了四十歲開始這項研究之前，我對創造力的缺乏興趣，逐漸演變成一種輕蔑。我不確定自己是把對創造力的感覺歸類成了負面的刻板類型、還是羞愧觸發點，還是兩者兼而有之。總歸到了一個程度，我認為單純為了創造而創作，是一種最佳的自我放縱，也是癡人癲狂的極致。

因為我的專業，我當然知道，在某一個議題上防護愈嚴謹、反彈愈大，就愈有探究的必要。當我用嶄新的眼光回顧，我想，探索自己在生活中錯過了多少創造性活動，對我來說可能太過困惑和痛苦。

我從來沒有想過自己會遇上如此強烈的力量，足以鬆動我對於創造力根深柢固的信念。接著，這項研究就出現了……我來總結一下我從全意生活、全心去愛的世界中所認識到的創造力：

1.「我不太有創意」這話說不過去。把人分成有創意跟沒創意兩種？沒這回事。只不過有些人使用創造力，有些人不。未經使用的創造力並不會憑空消失，而是活在我們裡面，直到表達出來、或忽略至死，或者因怨恨和恐懼而飽受窒息之苦。

2.我們為世界所提供的唯一獨特貢獻，很可能正是出於我們的創意。

3.如果想要創造意義，就必須創造藝術。烹飪、寫作、素描、塗鴉、油畫、剪貼、拍照、拼貼、編織、改造引擎、雕塑、跳舞、布置、演戲、唱歌——哪樣都沒關係。只要我們正在創造，我們就是在孕育意義。

就在我處理完創造力方面的研究資料之後，不多不少正好一個月的那天，我報名參加一項彩繪葫蘆的課程。我可沒開玩笑，我帶媽媽和愛倫一起去。那是我這一生中最美好的時光之一。

幾十年來，我頭一次開始創作。從那時開始，我就不曾中斷過。我甚至還去學攝影。這句話可能聽起來挺老掉牙的，但是世界在我眼裡變得不一樣了。放眼望去盡是美麗，而且處處都有美的潛力——我的前院、二手雜貨店、雜誌——無處不美。

而這對我和家人來說，是非常大的情緒轉變。我的兩個孩子都喜歡藝術。我們經常一起「全家動手做」。史狄夫和我兩人熱愛蘋果電腦成癡，很喜歡一起剪輯電影。上個月，愛倫跟我說她想當大廚，要不就是成為像我朋友艾莉．艾德華那樣的「終生藝術家」。艾莉給我們母女很多啟發。目前，查理喜歡油畫，想要擁有一家鼻屎怪獸專賣店（這兼顧了創意和創業）。

我還了解到我的工作大部分是創意性的。作家威廉．普洛默（William Plomer）將創造力描述為：「將似乎沒有關聯的事物連結起來的力量。」我的工作完全就是在製造連結。所以我個人有部分轉化就是坦

若我們麻痺了黑暗情緒，對正向情緒也會變得無感。

露並歡慶我既有的創造力。

放棄比較並非待辦事項。對我們大多數人而言，這需要持續覺察。我們很容易將眼光從屬於自己的路徑上挪開，查看別人在做什麼，看看他們是超前我們，還是落後。創造力所表達的是我們的原創力，也幫助我們時時留意：我們帶給世界的，是全然原創和無可比較的。此外，一旦你除去比較之心，**領先**與**落後**、**最優**與**最差**的概念也就喪失了意義。

向深處挖掘

D．**刻意**（Deliberate）：如果將創意視為奢侈品或是留待空閒才做的事，就永遠無法培養出創意。我每週都要用心擠出時間拍照、沖洗照片、製作影片，還要跟孩子一起做美勞。我把創造性活動列為優先事項的時候，生活中所有的事情都比較順利。

I．**激勵**（Inspired）：「以愛轟炸」（Lovebombers）這個團體帶給我的啟發無可比擬。我在網路上結識了這個由藝術家、作家、攝影師組成的團體，而且每年都會花一個長週末和他們相聚。找到一群和自己在創意方面有相同信念且心靈相通的朋友，成為其中一份子，是非常重要的。

G．行動（Going）：去上課。選一門課，讓自己冒險去感受脆弱、生疏、不完美。如果你需要多一些彈性，網路上有很多好課程。嘗試一些令你望而卻步的事物，或夢想已久的事情。你永遠意想不到會在何處找到自己的創意靈感。

你是如何向深處挖掘的呢？

第七號路標

放鬆，才會快樂

玩樂與休息

我們並不需要終日玩樂才會心滿意足。
在大多數情況下，玩樂只是催化劑。
只要一點點真正的玩樂活動，就能為整個生活帶來良性影響，
讓我們從事任何事都變得更具生產力、且更為快樂。

——史都華・布朗博士（Dr. Stuart Brown），《就是要玩》

我在訪談研究對象時，有時候會感覺自己像個外地訪客，正設法弄清楚截然不同的異鄉風俗和生活方式。我努力了解這些全心投入的人在做些什麼、為什麼這麼做的時候，有許多時候很尷尬。這些異鄉的概念太過陌

生，我居然不知道要怎麼描述。以下就是一次經驗：

還記得我曾經跟某位同事說：「這些**全心投入**的人經常遊手好閒。」

她大笑問我：「遊手好閒？怎麼說？」

我聳聳肩：「我不知道耶。他們很會找樂子，還有……我不知道怎麼說……他們結伴消磨時光，然後做些好玩的事情。」

她一臉困惑：「哪種好玩的事情？嗜好？手工藝？運動競賽？」

「對，類似吧，可是沒那麼有計畫。我還得再去多挖點東西出來。」

此刻我回顧這段對話時心想：**當時我怎麼會不知道自己看見的是什麼呢？**難道我個人對這個概念如此抽離，到了看不懂它的地步？

答案就是**玩樂！全心投入**的生活中，一個重要得不得了的元素就是**玩樂！**

我是看著我的孩子，逐漸體會出這一點的。而且我發現，孩子們喜愛嬉戲的行為，和訪談對象所形容的行為一模一樣。這些人**會玩**。

研究玩耍這個概念一開始並不順利。我很快就吃到教訓：千萬不要上網搜尋「成人遊戲（Adult play，與成人玩樂同一個字）」這類關鍵字。我飛快關閉自動跳出的色情網站視窗，速度可比**打地鼠遊戲**。

等我從這次網路搜尋災難中恢復過來後，很快也很幸運地找到了史都華・布朗博士（Dr. Stuart Brown）的作品。布朗博士是精神科醫師、臨床研究者，以及國家玩樂協會的創辦人。他也是這本好書的作者：《就是要玩：告訴你玩樂如何形塑大腦、開發想像力、激活靈魂》。（*Play: How It Shapes the Brain, Opens the Imagination, and Invigorates the Soul*）

布朗從自己的研究，以及新近最前衛的生物學、心理學、神經學知識之中取材，解釋道：玩樂形塑我們的大腦，幫助我們形成同理心，並且在複雜的社交團體中為我們導航；玩樂也是革新與創造的核心。

如果你疑惑為什麼「玩樂」和「休息」在這一章裡以成對的方式出現，那是因為我在研讀玩樂方面的研究資料之後，理解到玩樂對我們的健康和運作而言，就跟休息一樣重要。

因此，如果你也和我一樣想要知道「玩樂到底是什麼？」的話，布朗博士提出玩樂具備的七種屬性。第一個屬性：玩樂似乎是漫無目的的。簡單來說，我們為了玩樂而玩樂。我們玩樂，是因為好玩，而且我們想玩。

好了，現在輪到我這個羞愧學者的研究登場。當代文化將我們的自我價值與個人資產淨值綁在一起，我們以自己的生產力來評定自我價值——所以幾乎不會花時間在漫無目的的活動上面。事實上，你我之中多數聽見這話的人，都會感覺焦慮似乎正伺機展開攻擊。

我們手邊有這麼多事情要做，卻只有那麼丁點兒時間，所以把時間用在跟待辦事項無關的事情上，就會製造情緒壓力。我們說服自己，玩樂會浪費寶貴的時間。我們甚至說服自己，睡覺是很糟糕的運用時間的方式。我們必須**把這事解決掉**！無論是經營價值數百萬美金的公司、養家活口、藝術創作或完成學業，我們都必須埋頭苦幹！沒有時間玩樂！

但是布朗博士主張，玩樂不是可有可無的選項。事實上他寫道：「玩樂的反面不是工作——而是憂鬱沮喪。」他又解釋：「尊重我們生理上先天設定對玩樂的需要，可以使工作產生改變。玩樂能恢復工作中的興奮與

玩樂對我們的健康和運作而言，就跟休息一樣重要。

新鮮。也能夠幫助我們因應困難、提供心靈寬闊的感覺、促進手藝精進。玩樂是創造性過程中基本且重要的一部分。最重要的是，真正的玩樂是發自內在的需求與渴望，也是在工作中找到恆久喜樂與滿足的唯一途徑。長期下來，只工作而不玩樂是不行的。」

我們對玩樂的生物性需求，和身體有休息的需要，這兩者之間的相似性最令我吃驚。這個核心主題也同樣浮現在全心投入生活的研究中。似乎要全意生活、全心去愛，就必須尊重身體有其更新的需要。我剛開始研究休息、睡眠以及睡眠負債（也就是睡眠不足）概念的時候，對於某些因缺乏適當休息而產生的後果感到難以置信。

根據疾病控制中心，睡眠不足和多種慢性疾病及健康問題都有關聯，好比說糖尿病、心臟病、肥胖、憂鬱症等。我們也都知道疲勞駕駛跟酒醉駕駛的危險性差不多高，但兩者都是可以預防的。然而，不知道為什麼，多數人仍然相信筋疲力竭是認真工作的象徵，而睡眠是一種奢侈品。結果，我們累壞了。嚴重累壞了。

告訴我們「你太忙了沒空玩樂、不可以浪費時間遊手好閒」的那隻小魔怪，同樣會在我們耳邊低語：

*「再多工作一小時吧！你可以週末補眠。」

*「懶蟲才打盹。」

*「再撐一下，你辦得到的。」

但真相是，我們辦不到。這個國家充滿了筋疲力竭和壓力爆表的成人，養育著行程爆滿的小孩。我們運用閒暇時間拚命尋找生命的喜樂和意義。我們以為成就和滿足物欲會帶來喜樂和意義。但這樣的追尋恐怕正是使我們疲倦不已且畏懼放慢腳步的元兇。

如果我們想要**全心投入**生活，就必須刻意養成睡眠和玩樂的習慣。也要刻意不讓疲憊成為社會地位的象徵，不把生產力當作自我價值。

選擇休息和玩樂，充其量就是與文化背道而馳。史狄夫跟我認為，決定停止把疲憊和生產力當作榮譽勳章是再合理不過了。不過，我們一家人仍在努力盡量實踐全心投入的生活。

二〇〇八年，史狄夫和我坐下來，把可以讓我們家運作得更好的事情，很務實地列成了一張清單。我們自問自答了幾個問題：「這個家事事順利的時候是什麼樣子？」答案包括：睡覺、鍛鍊身體、吃得健康、自己煮飯、休假、週末出去玩、上教會、陪小孩、對錢財有掌控感、有意義而不耗損能量的工作、無所事事、跟家人和熟朋友相處，還有結伴消磨時光的時候。這些是我們家當時（現在還是）「烹調喜樂和意義的食材」。

然後我們把兩、三年前就開始寫的夢想清單（持續添加中）拿出來瞧瞧。這上面每一個項目都離不了成就和滿足物欲——一棟更多臥室的房子、去某個地方旅行、個人薪資成長目標、專業努力的目標，諸如此類。每一項都要求我們賺取更多金錢，也消費更多。

我們把「夢想清單」和「喜樂與意義清單」拿來相比，立刻了解到，只要放棄我們想要的成就和擁有的東西，就能活在我們的夢想之中——不必努力爭取、期待來日實現，而是立刻活在其中。以往我們奮力達成的目標，對於生活充實毫無貢獻。

真正的玩樂是發自內在的需求與渴望，也是在工作中找到恆久喜樂與滿足的唯一途徑。

擁抱我們的「喜樂與意義清單」向來不容易。有些日子裡，這一切都很有道理；但有些日子裡，我會陷溺於這樣的想法：「只要我們擁有很棒的客房或者更好的廚房，一切就會更好。」或是「要是我能夠在這裡演講，如果我能夠幫那個暢銷雜誌寫篇文章，那麼一切都會更加美好。」

連愛倫也得跟著改變。去年，我們告訴她，我們即將限制她的課外活動，所以她必須在各種運動、女童軍、課後活動之間做出選擇。起初她有些抗拒，她挑明了自己的活動已經比多數朋友都來得少。這是事實。她很多朋友是每個學期參加兩、三種運動項目，外加音樂課、語言課，還有美術課。這些孩子一大早六點鐘起床，晚上十點鐘上床睡覺。

我們解釋「刪減」是全家整體計畫的一部分。我已經決定將大學教職改成兼任。她爸爸也會開始一週只上四天班。她一臉鼓足勇氣迎接壞消息的表情看著我們：「出了什麼問題？」

我們說明，我們想要的是更多休息，還有更多一起閒晃和放輕鬆的時間。我們也保證自己沒病沒痛，她這才興奮起來：「那我們可以安排多看些電視嗎？」

我解釋：「不行。只有更多全家一起玩樂的時間。妳爸爸跟我都熱愛目前的工作，但有時候工作要求過高。我經常出差，還要應付寫作截稿日；妳爸爸必須隨時待命。妳上學也很認真。我們想要確定，家裡每個人的時程表都能把休息放進去。」

這個經驗可能聽起來很不錯，但是對我這個當媽媽的人來說卻很恐怖。要是我錯了呢？假使忙碌和疲倦才是應當付出的代價？萬一女兒進不了她想讀的大學，只因為沒有拉小提琴、說中文、講法語，也沒有參與六個運動項目？

倘若我們平凡、安穩而快樂，這樣算數嗎？我想答案是，只有**對我們來說**算數，那才叫**算數**。**如果我們認為玩樂和休息是要緊的，我們也真心在意它們，那麼它們對我們而言就很重要。**如果我們重視一件事情是因為別人認為重要，那就又落入了原先以疲倦和產出來換取自我價值的舊習。

此刻，我選擇玩樂和休息。

向深處挖掘

D．**刻意**（Deliberate）：我們家做過最棒的一件事情，就是條列出「烹調喜樂和意義的食材」清單。我鼓勵你坐下來，把生活中事事順心的特定情境逐一寫下來。然後將這張清單內容與你的待辦事項清單和目標成就清單相互核對。結果可能會讓你嚇一跳。

I．**激勵**（Inspired）：使我不斷得到啟發的書籍有史都華．布朗在玩樂方面的幾本作品、還有丹尼爾．品克（Daniel Pink）的《未來在等待的人才》（*A Whole New Mind*）。如果你想要更認識玩樂和休息的重要性，不妨參閱這幾本書。

G．**行動（Going）**：現在就說不。起來叛逆一下。從你的清單上刪除項目，另加上「打盹兒」這一項。

你是如何向深處挖掘的呢？

第八號路標

停止焦慮的生活型態

冷靜與平靜

在禪修手冊裡，專注於呼吸向來是去除心散亂的思想最有效的方法，對於無法聚焦的頭腦，觀呼吸很有助益。

——達賴喇嘛，《心的自由》

還記得研究結果剛出爐，我便直奔治療師辦公室這回事吧？我知道自己的生活不平衡，我想要從研究所學中獲得更多，也想要搞清楚為什麼每次我在極度焦慮和壓力情緒之下，就會像是中了蠱似地暈眩——頭重腳輕，地轉天旋。我真的有兩、三次就那麼暈了過去。

暈眩是新花招；焦慮卻不是。我在認識全心投入的生活之前，向來有辦法管理好互相衝突的優先順序、家庭需要，還有學術生活中無休無止的壓力。從許多方面來說，焦慮是我生活中的常態。

但是隨著我開始發展出對於全心投入的生活的覺察，我的身體彷彿藉著暈眩說話：「我來幫妳擁抱新的生活方式。我會在妳忽略焦慮的時候讓妳非常不好受。」我飽受焦慮折騰，必須坐下以免跌倒。

還記得我跟治療師黛安娜說：「我沒辦法繼續這樣過日子了。真的不行了。」

她回答：「我知道。我看得出來。妳認為妳需要的是什麼？」我想了一下說：「我需要一個方法，讓自己在非常焦慮的時候還可以站穩。」

她就坐在那兒點頭等候，一副治療師的標準模樣。她等了又等、等了又等……

我終於明白過來：「哦！我懂了。我根本就沒法用這種方式過日子。我是無法繼續在這麼高焦慮程度之下發揮正常功能的。我不需要搞清楚有什麼方法可以讓我在這種程度的焦慮下還可以繼續工作——我需要弄清楚的是如何降低焦慮。」

那段沉默很有效。非常討人厭，但是真的很有效。

我運用自己的研究規畫了一項降低焦慮的計畫。我所會談過的人，無論男女都無法免於焦慮，也會逃避焦慮；只是他們對於焦慮都有所警覺。他們所立定心意的生活方式中，焦慮只是生活中的現實，而非生活型態。他們的訣竅是在日常生活中培養冷靜（calm）、平靜（stillness），並且讓這些操練轉變成生活常態。

冷靜和平靜聽起來好像同一回事，但我學習到，這兩件事情並不相同，而且兩者缺一不可。

冷靜

我將冷靜定義為管理情緒性反應時，能夠創造客觀觀點，並且對自己當下的狀態有著不帶論斷的覺察。我一想到冷靜的人，就會想到那些能夠在複雜情境中帶入客觀觀點的人。他們能夠感受到自己的感覺，而不會在恐懼或憤怒等情緒高漲的情況下憑著情緒反應。

我懷胎大女兒愛倫的時候，有人送了我一本茉德．布瑞特（Maud Bryt）寫的小書，書名是《親親寶貝：冷靜教養的傳統》（*Baby Love: A Tradition of Calm Parenting*，暫譯）。布瑞特的母親、祖母、曾祖母都是荷蘭的助產士，這本書便是取材自她們的智慧。我現在都還能看見自己端坐在全新的搖椅裡，一手擱在我的便便「孕」腹上，另一手握著那本小書的畫面。還記得自己當時的念頭：**這是我的目標。我要當個冷靜的媽媽。**

出乎意料地，我真的成為一個相當冷靜的媽媽。倒不是我天生如此，只不過是我經常操練，再加上身邊有一位出色的角色楷模，就是我老公史狄夫。觀摩他，我明白了將客觀觀點和安靜帶入困難情境中的價值。

我設法放慢回應、加快思考一件事：**我們確實擁有完整資訊，足以決策或是形成回應嗎？**我也一直非常留意冷靜如何影響焦慮的人或者焦慮情境。驚惶失措的反應導致更多的驚慌和害怕。如同心理學家兼作家的海蕊特・李納（Harriet Lerner）所說：「焦慮具有極端性的感染力，不過冷靜也是。」所以問題是，我們想要用更強烈的焦慮來影響別人，還是用冷靜來治療自己和身邊的人？

如果我們選擇以冷靜來療癒人，就必須立下承諾操練冷靜。小事情也很重要。例如不妨規定自己先數十下，才可以回應說：「這我不確定。我得再想想。」還有，辨識出哪些情緒最可能激發自己不假思索的反應，並且練習思考之後再反應，這也非常有效。

兩、三年前的一段很有影響力的公益廣告中，一對夫妻尖聲對罵，然後各自當著對方的面用力把門甩上。他們互罵的內容是：「我恨你！」「管好你自己！」還有「我不要跟你講話！」看這段廣告的時候，根本不清楚他們吵些什麼、為什麼說這些話，還有為什麼甩門，而且才剛吵完立刻又吵了一次。大約甩門、大吼了二十秒之後，這對夫妻手牽手向著螢幕遠方離去。其中一人跟對方說：「我認為我們準備好了。」畫面立刻剪接到播報員身上，旁白內容大致上是這樣的：「跟孩子討論毒品並不容易，卻可以救他們一命。」

這個廣告是操練冷靜的絕佳範例。除非我們有心平氣和的父母親做為榜樣，並且在成長過程中不斷練習，否則冷靜不太可能是我們面對焦慮或情緒浮動情境中的自然反應。

就我而言，呼吸是最好的起點。只要在回應之前做一次呼吸，就能讓我放慢，而冷靜也會在我身上立刻擴散開來。其實有時候我會暗忖，我慌張死了！我驚慌失措得有道理嗎？驚慌失措有助益嗎？而答案往往是否定的。

平靜

平靜的概念沒有冷靜那麼複雜，可是實踐起來，卻遠比冷靜困難得多，至少對我而言是如此。

我實在很難形容自己聽見受訪者把平靜描述成全心投入完整旅程的一部分時，感覺有多麼抗拒。從靜坐默想、禱告到定期安靜反思，還有獨處

焦慮具有極端性的感染力，不過冷靜也是。

的時間，這些受訪者都說，讓身體和意念沉靜下來是有必要的，而且也是降低焦慮感與強烈無措感的一種方式。

我知道自己之所以抗拒這個觀念，是因為我光是想到靜坐默想這檔子事就焦慮。每回我嘗試靜坐，都覺得自己根本就是個裝模作樣的傢伙。整段靜坐過程中我只有一個念頭，就是我必須如何中止思緒。喔好吧，我什麼都沒想。我什麼都沒想。牛奶、尿布、洗衣精……停！好吧，不要想。不想。唉呦，這靜坐怎麼還不結束啊？

我不肯承認這一點，但真相是，平靜向來會嚴重激發我的焦慮。在我心目中，平靜就是狹義的盤腿坐地、專注於難以捉摸的虛無。隨著我蒐集、分析愈來愈多的故事，我才了解到自己起初的想法錯了。資料呈現，平靜的定義是：

平靜並非專注於虛無；而是創造明澈。平靜是打開一個沒有雜物的情緒空間，並容許自己感受、思考、夢想、質疑。

一旦我們拋開對「平靜應該是什麼樣子」的假設，並且找到為自己創造明澈的合適方式，我們就有更好的機會敞開自己、面對阻擋平靜的隱形障礙。這個障礙就是恐懼。而這份恐懼有可能大得無以名狀。

如果我們有足夠的時間靜止下來，創造情緒上的安靜和明澈，生活中的真相就會自然而然跟上我們的腳步。我們說服自己只要維持夠忙、繼續前進，現實就無法追趕上來。因此我們把真相拋諸身後，不顧自己是多麼地疲倦、害怕、困惑，多麼不知所措。這當然很諷刺，因為為了避免疲憊的感覺，我們拚命在做會讓自己疲倦的事情。焦慮就是有這種自我永續的特性；焦慮會餵養自己。我經常說，如果要為**忙碌上癮**開立十二步驟團體，肯定要把整個足球場租借下來才夠用。

阻礙冷靜和平靜的除了恐懼，還有我們自幼學到的對於實踐這兩者的觀感。從童年開始，我們所接收到的關於冷靜和平靜的訊息就很令人困惑，困惑到底這兩者有什麼價值。例如，父母親和老師總是尖叫著說：「安靜！」「坐下不准動！」而不是親身示範他們期待看見的行為。因此我們並未在成長過程中，實踐想要陶養的特質，反而放棄了冷靜，屈服於永續不絕的焦慮之中；而平靜的概念竟使我們坐立難安。

在這愈趨複雜和焦慮的世界裡，我們需要擁有更多「少做一些、少成為些什麼」的時刻。要在生活中培養冷靜和平靜，剛開始可能不容易，尤其體認到日常生活中有這麼多事物受到情緒壓力和焦慮所支配，就更不容易了。不過，隨著我們操練得更強壯，焦慮就會失去著力點，我們也會更清楚自己在做什麼、要往哪裡去，以及對我們來說真正有意義的是什麼。

向深處挖掘

D．**刻意**（Deliberate）：我解除焦慮的配方包括更加冷靜、平靜，以及增加運動量和減少咖啡因的攝取。我知道有好多人晚上用藥物助眠，白天則猛灌咖啡保持清醒。冷靜和平靜是對付一般性失眠和精神不濟的得力良方。提升每日冷靜和平靜的攝取量，再配合健走、游泳，少喝咖啡，為我的生活帶來妙不可言的改變。

I．**激勵**（Inspired）：海蕊特．李納（Harriet Lerner）的著作《連結之舞》（*The Dance of Connection*，暫譯）至今仍為我帶來啟發和改變。李納博士解釋，我們對於焦慮管理，全都有自己一套固定模式。有些人使用過度功能的方式來回應焦慮，有些人則是藉著降低功能來回應焦慮。過度功能型的人傾向於快速提供建議、救援、接管、緊盯細節、介入別人的事情而非向內反思。而降低功能型的人在情緒壓力之下，能力會變得比較差。他們邀請別人接管，而且往往成為家人談論、擔憂、顧慮的焦點。別人可能會認定他們就是家裡那個「問題兒童」、「不負責任」或「脆弱」的傢伙。李納博士說明，將這些行為視為自己對焦慮的模式化反應，而非認定自己就是這樣的人，能幫助我們明白自己是可以改變的。像我這種過度功能型的人，不妨在面對焦慮時，多些擁抱自己弱點的意願；而降低功能型的人則不妨設法擴大自己的力量和能力。

G．**行動（Going）**：我們不妨實驗性地嘗試不同形式的平靜和冷靜。我們都需要找到對自己管用的方式。老實說，我只有單獨在戶外走路的時候，才最敞開、最沒有情緒雜物。這並不是真的身體靜止，但卻可以打開我的情緒。

你是如何向深處挖掘的呢？

第九號路標

放下自我懷疑和「應該」

在工作中看見意義

重點在於，實際檢視我們的優缺點、
思考哪些是我們真正樂在其中的領域，
並記得一切無關乎對與錯，只在於選擇及結果。

——丹・米爾曼，《生命如此富有》

在創造力的章節中我提過，我的工作中很重要的一部分跟建立連結有關。事實上，我工作的核心就是在尋找人們如何思考、感覺，和行動之間隱含哪些微妙連結，並且為之命名。這樣的連結有時可以一眼看出，立刻搞定。有時候卻難以捉摸，想整理清楚卻備感混亂糾結。我開始寫這一章的時候，就經驗到這種糾結和混亂。不過我逐漸看出某些驚人的連結。

這項研究初期，我就很清楚，全心投入的生活包含了投入許多受訪者口中所謂的有意義的工作。有些人會說是神聖的召喚。有些人則是單純描述自己從工作中感受到極大的成就感和目的感。這一切都看似簡單明瞭，除了一張惱人的清單。這張清單上的字眼都顯得很重要，和尋找有意義的工作之間具有某種關聯：

* 天賦和才幹
* 靈性
* 謀生
* 承諾
* 應該要做的
* 自我懷疑

之所以說它惱人，是因為我花了好長的時間才搞清楚這些元素如何共同作用。我身體裡面筋疲力竭的那半個我，很想叫自己忘掉這些「額外的字眼」，就很像史狄夫組合IKEA家具，完工後還剩下十二根沒用到的螺絲釘時一樣，我也想後退站開，搖它兩下說：「夠好了！這些一定是多出來的。」

可是我不能這麼做。所以我把有意義的工作這個概念拆解開來，訪談了更多人，找到連結，並且重新建立這支「路標」。以下是研究結果：

＊我們都擁有天賦和才幹。我們培養這些天賦，並且與世人分享，便是在生活中創造出意義感和目的感。

＊浪費天賦為我們的生命帶來苦惱。如果我們不運用上天賞賜的天賦，不會有好結果，也不是一句「太可惜」就能帶過了事；我們的情緒和生理健康都要為此付出代價。不使用才幹來培養有意義的工作，我們就會掙扎。我們會感到失去連結，也會讓空虛、挫折、憤恨、羞恥、失望、恐懼，甚至哀傷的感覺給拖垮。

＊尋找靈性連結的我們，絕大多數耗費了太多時間仰望天空，懷疑為

何上帝離我們如此遙遠。其實上帝活在我們裡面，不在頭頂外面。和世人分享天賦和才幹，是與上帝連結最強而有力的資源。

＊運用天賦和才幹來創造有意義的工作，需要極度大量的承諾，因為有意義的工作經常是不賺錢的。有些人有本事讓所有面向一次到位——他們運用天賦和才幹從事滿足心靈的工作，還可以養家活口。不過，多數人都得七拼八湊，才能有所成就。

＊沒有人能夠幫我們定義，什麼事情對我們是有意義的。如果出門工作、養育子女、當律師、教書或畫畫對我們是有意義的，那麼就不應受到文化的宰制。如同天賦和才幹，意義對於個體而言是獨特的。

自我懷疑和「應該要」

培養有意義的工作時，會有許多小魔怪伸爪攔阻。他們會從嘲弄我們的天賦和才幹開始下手：

＊很可能除了你以外，別人都有特殊天賦，所以你才會到現在還找不

到你的天賦。

＊沒錯，這個你很行，可是稱不上真正的天賦。這個不夠大、不夠重要，不能算是真的才幹。

自我懷疑阻撓我們尋找天賦以及與世人分享天賦。尤有甚者，如果發展與分享天賦正是我們尊榮靈性以及與上帝連結的方式，那麼自我懷疑就等於容許恐懼破壞我們對上帝的信心。

小魔怪們也從「應該要」之中得到莫大的利益——哀求爭取融入、完美主義、討好他人，還有出借自己：

＊你應該在意的是賺錢，不是意義。

＊你應該長大，做個——。大家仰賴的是這個。

＊你本來就應該痛恨工作；那正是工作的定義。

＊如果你有好狗膽，就該順著自己高興辭掉工作。擔心什麼錢，是吧！

＊你應該抉擇：做你熱愛的工作，或是為了養活你心愛的家人而努力工作。

想克服自我懷疑和「應該要」，必須從掌握信息開始。最讓你害怕的是什麼？你的「應該要」清單上有什麼？誰說的？為什麼？

小魔怪很像蹣跚學步的小孩。如果你忽略他們，他們就會鬧得更大聲。最好的方式就是承認聽到訊息，並且寫下來。我知道這似乎違反直覺，但是把這些訊息寫下來並坦露小魔怪的訊息，並不會增強訊息本身的影響力，卻會使自己更有力量，也讓我們有機會說：「我懂了。我了解我害怕的是這個，可是無論如何我就是要去做。」

很高興認識你。你做什麼工作？

除了小魔怪，另一件會阻礙有意義工作的，是我們在誠實界定自己是誰、做什麼工作時，所產生的掙扎。這個世界把工作看得很重要。我們最經常問人也最常被人問起的一句話是：「**你做什麼工作？**」過去我對這個問題向來退避三舍。以前我總覺得我回答的方式會將我這個人斷章取義，要不就是讓聽的人一頭霧水。

不要問世界需要什麼。要問，能讓你活躍起來的是什麼，然後去做。因為世界需要的，正是活躍起來的人。

現在我對「你做什麼工作？」的回答是：「你有多少時間聽我說？」

大多數人都無法用三言兩語回答這個問題。就拿我自己來說，我是母親、妻子、研究人員、作家、說故事高手、姊妹、朋友、女兒、老師。這些角色構成了我這個人。所以我向來不知道如何回答這個問題。而且老實說，我也厭倦了提供問話的人容易消化的答案。

二〇〇九年，我與瑪西・艾波爾（Marci Alboher）相遇。

她身兼作家／演說家／教練。你會奇怪我為何用斜線連接這些身份。但我認為這用在瑪西身上很恰當。因為她是《一人／多職生涯：成功工作／生活的新型態》（*One Person/Multiple Careers: A New Model for Work / Life Success*，暫譯）的作者。

艾波爾面談過上百位同時追求多重職涯的人之後，發現兼職達人一族（例如研究人員／說故事高手、藝術家／房地產仲介）會整合多重職涯，以表達自己的各樣熱情、天分、興趣，而這是單一職涯無法滿足的。許多人拒絕讓單一職涯定義自己，進而創造有意義的工作；艾波爾的書中就充滿了這樣的實例：碼頭搬運工／紀錄片導演、管理顧問／動漫畫家、律師／大廚、猶太律法教士／單口相聲演員、外科醫師／編劇家、投資經理／饒舌歌手、治療師／提琴製作工藝家。

我之所以想要分享兼職效應的想法，是因為我在部落格、藝術和寫作的領域中，遇過太多害怕承認自己作品的人。就像我最近在社群媒體研討會遇到一位會計師／珠寶設計師。我興奮極了。因為我曾上網跟她買過一對很漂亮的耳環。可是我問她珠寶設計做了多久時，她卻漲紅了臉說：「我很希望自己會珠寶設計。可是我是會計師，不是珠寶設計師。」

我心想，我耳朵上戴的就是妳做的耳環啊，難道是算盤珠子？當我指著自己的耳朵說：「妳當然是珠寶設計師啦！」她僅微笑回答：「我做那個不太賺錢。我只是喜歡才做的。」我雖然覺得這個回應挺荒謬，可是我懂。我不喜歡自稱為作家，因為怎麼聽都不夠正經。只當個作家是不夠的。克服自我懷疑就是相信自己夠好、不要理會世人說我們應該成為什麼或應該如何自稱。

我每個學期都會和研究所的學生分享神學家霍華・瑟曼（Howard Thurman）的一句話。這是我長年鍾愛的幾句話之一。既然現在我又研究了有意義的工作之重要性，這句話更有了新的意義：「不要問世界需要什麼。要問，能讓你活躍起來的是什麼，然後去做。因為世界需要的，正是活躍起來的人。」

向深處挖掘

D·**刻意**（Deliberate）：如何刻意進行有意義的工作，有可能需要花些時間。我總算可以很明確地把自己認為「有意義」的條件寫下來。就我自己而言，我希望我的工作有啟發性、需要沉思，並具有創造性。我運用這些條件來篩選和決定自己做什麼／致力於什麼／把時間用在哪裡。

I·**激勵**（Inspired）：我大力推薦瑪西·艾波爾的《一人／多職生涯：成功工作／生活的新型態》，這本書中含括許多兼職生活的實際策略。麥爾坎·葛拉威爾（Malcolm Gladwell）是另一項持續給予我激勵的來源。葛拉威爾在《異數：超凡與平凡的界線在哪裡？》（*Outliers*）一書中提出，有意義的工作具有三個條件：複雜度、自主性，以及付出與收穫之間的關係——在創造性工作中往往可以發現這幾個條件。這幾個條件與全心投入之旅脈絡中所謂「在工作中看見意義」百分之百相符。最後，我認為每個人都應當閱讀保羅．科爾賀的《牧羊少年奇幻之旅》——我設法至少每年閱讀一次。這本書提供了強而有力的觀察角度，讓我們看見天賦、靈性、工作（無論是否兼職）之間的關聯，以及我們生命中的這些元素，是如何聯手創造意義。

G．行動（Going）：將那些對你有啟發性的工作列成一張清單。不要理會實際面。不要想著如何糊口，只要想想你喜歡做的事。沒有人說你必須辭去白天的工作才可以培養有意義的工作——你也許根本不曾如此想過。你心目中最理想的兼職項目有哪些？你兒時的志向是什麼？什麼事情能為你帶來意義？

你是如何向深處挖掘的呢？

第十號路標

形象放一邊，偶爾失控又何妨
歡笑、歌唱、舞蹈之必要

旁若無睹地跳舞、旁若無聞地歌唱吧。
彷若不曾受過傷地去愛；
把地上的生活，當成天堂的日子吧。
——馬克吐溫（Mark Twain，美國名作家）

縱觀人類歷史，歡笑、歌唱和跳舞，是我們表達自我、和別人交流故事與情緒、歡慶和哀悼，或者是滋潤人際關係的方式。雖然大多數人會告訴你，少了歡笑、音樂、舞蹈的生活令人難以忍受，但大家卻很容易將歡笑、歌唱、跳舞不當一回事。

歡笑、歌唱和舞蹈是如此與生活緊密交織，我們有可能反而忘了曾有多愛令自己歡笑的那個人，想不起讓我們忍不住搖下車窗引吭高歌的曲子，不記得「旁若無睹跳舞」時那種全然的自由。

社會批評家芭芭拉・艾倫瑞克（Barbara Ehrenreich）所著的《在街頭跳舞：集體歡樂的歷史》（*Dancing in the Streets: A History of Collective Joy*，暫譯）是由歷史與人類學中取材，闡明了投入她所謂「集體狂喜」的重要性。艾倫瑞克下結論說，我們是「天生的社群生物，幾乎完全是受到本能驅策而分享喜悅的。」我百分之百相信她是對的。我也喜歡「集體狂喜」的概念——尤其是現在，因為似乎大家都陷入集體恐懼和焦慮的狀態中。

我篩選資料的時候，自問兩個問題：

1. 為何歡笑、歌唱和舞蹈對我們如此重要？
2. 其中是否有共通的轉化性元素？

這兩個問題回答起來都很複雜。我們開心的時候的確渴望歡笑、歌唱和舞蹈。可是我們感到寂寞、傷心、興奮、戀愛、心碎、害怕、羞愧、有信心、篤定、懷疑、勇敢、哀悼，還有狂喜的時候（這只是有限的幾個例子），也都會運用這些方式來表達。我確信每一種人類情緒都能透過一首歌、一支舞，找到一條路走向歡笑。

我分析自己的研究資料兩、三年之後，學習到：

歡笑、歌唱和舞蹈創造出情緒與靈性的連結，在我們尋求安慰、歡慶、激勵或療癒的時候，提醒我們一件真正重要的事情：我們並不孤單。

很諷刺的是，我是在研究羞愧的那八年中，透徹地認識了什麼是歡笑。羞愧復原力需要歡笑。在《我以為只有我》中，我將有助於療癒的笑稱為會心的大笑。歡笑是一種靈性形式的交流；毋須言語，就能讓對方知道：「你的感覺我懂。」

真正的歡笑並不是運用幽默做為自貶或閃避的工具；也不是那種隱藏了苦楚的大笑。會心大笑所代表的，是我們在體會到與人分享故事的力量時，所經驗到的紓解和連結——我們不是取笑對方，而是一起大笑。

對於歡笑的各種定義之中，我最喜歡小說家安．拉莫特（Anne

Lamott）的定義。有一次我聽見她說：「歡笑是一種正向活躍、充滿生命力形式的神聖。」正是如此！

歌唱

從我父母親在旅行車裡播放的八軌匣式錄音帶，到一九七〇年代我那疊黑膠唱片，到一九八〇年代的錄音帶，再到一九九〇年代新電腦上的iTunes播放清單，我有一整組的生命配樂。這些歌曲會攪動記憶，激發內心的情感，是其他事物無可比擬的。

我知道不是所有人都那麼喜歡音樂。但是歌曲有一種舉世共通的特性，就是能夠感動我們的情緒——有時候甚至以超乎想像的方式感動我們。例如我最近看了一部導演剪輯版的電影。首先播放的是影片中極為戲劇化的一幕，是有配樂的；然後又播放了一次，但沒配樂。我真不敢相信兩者差異如此之大。

第一次看的時候，我根本沒注意到配樂。我只是緊張兮兮地巴望著劇情會跟我的期待走。第二次看沒有配樂的版本時，不但場景呆板，劇情更不引人入勝。沒有音樂的話，很真實，卻毫無情感。

無論是教堂的聖樂、國歌、大學的體育戰歌、收音機裡傳來的樂聲，或是精心錄製的電影主題曲原聲帶，入耳的音樂總是為我們提供連結——音樂是生活中不可或缺的東西。

舞蹈

我用家人在廚房裡跳舞的次數，來衡量家人靈性的健康。我是說真的。查理最喜歡的舞曲是「功夫小子」。愛倫喜歡的是香草冰樂團的「冰冰寶貝」！我們喜歡聽音樂和跳舞，但並非附庸風雅。我們的舞蹈停留在老派「扭扭舞」和「瑪卡蓮娜」的程度。我們家廚房不夠大，所以只要一家四口都待在廚房，就會有好幾雙穿著襪子的腳掌在地板上四處亂划；看起來很像演唱會搖滾區裡的興奮狂舞，不像是高中體育館裡穿著白襪、配上貓王年代歌曲的雙人快舞。我們跳得亂七八糟，但總是很有樂趣。

不消說我早已知道，跳舞對很多人來說並不容易。瘋狂大笑會讓我們感覺有點失控，放聲高歌會令人扭捏不安。不過對於許多人而言，大概沒有任何形式的自我表達，會像跳舞一樣讓我們感覺如此脆弱。舞蹈在實質上是一種全身性的脆弱狀態。另外我唯一能想到會讓人感到渾身上下都很脆弱的情況，就是赤身露體。我想我不需要告訴你裸體會讓大多數人感覺多麼脆弱吧。對於很多人來說，冒險公開示弱太困難。所以只有在家，或當著自己在乎的人面前才會跳舞。而有些人承受不起跳舞帶來的脆弱感，所以壓根兒不跳舞。有一位女士告訴我：「有時候我看到電視上有人跳舞，或是聽到一首好歌，就會情不自禁用腳打拍子。等我發現自己這個動作的時候，會很不好意思。因為我沒有節奏感。」

毫無疑問地，有些人就是比別人有音樂天分，或是手腳協調比較好。但是我開始相信，舞蹈存在於我們的DNA之中。我說的不是酷炫的流行舞、不是排舞，也不是電視節目「與明星共舞」的國標舞對決——而是一種受到節奏強烈吸引時油然而生的動作。你可以從孩子們身上看到這種舞動的欲望。在大人教導孩子要顧慮別人的眼光和想法之前，孩子是自然而然手舞足蹈的。他們甚至會脫光了衣服跳舞。未必跳得好看，也未必跟得上節奏，但總是很開心、很愉快。

作家瑪麗．喬．普特尼（Mary Jo Putney）說：「兒時熱愛之事長留心中。」如果這是真的，而我相信的確是，那麼舞蹈是留在我們心中的；即便腦袋變得過度顧慮別人的想法，舞蹈仍在我們心中。

「酷」和「控制住一切」

在這個破產的世界中，唯一真實的流通貨幣，是你在不酷的時候跟人分享的事物。

——二〇〇〇年電影「成名在望」（Almost Famous）經典對白

暢快大笑、放聲高歌、旁若無人地跳舞，毫無疑問都有益心靈。但如同我所說，這些也同時是克服脆弱感的練習。有好些羞愧促發因素，包圍著歡笑、歌唱、跳舞所帶來的脆弱感，虎視眈眈。這些因素包括怕被認為笨手笨腳、搞笑、耍白痴、秀逗、不酷、失控、幼稚、低能、愚笨。對我們大部分人來說，這些都很可怕。而小魔怪也在那兒不斷確認自我表達會乖乖退下，讓位給自我保護和過度自覺。

＊別人會怎麼想？

＊大家都在看——你冷靜點！

＊荒唐！收斂一點。

受訪的女性，經常談到被人批評為「太吵」或「不受控制」的危險。不知道有多少女性告訴過我沉不住氣的慘痛經驗——換來的往往是旁人一副高高在上的態度說：「欸，妳安靜點。」

男性則迅速指出被批評為「失控」的危險。一位男士告訴我：「女人說，男人應該放鬆、享受樂趣。可是如果咱們踏進舞池，卻在其他男人面前，或者更糟——在她的女性朋友面前看起來活像個傻蛋，那她們還會認為我很有吸引力嗎？就算你真的很想跳舞，但老實說，輕鬆靠在椅背上，假裝自己對跳舞沒興趣，還比較容易。」

在這些議題上，人們爭取價值的方法很多。但是最會讓我們悶不吭聲和端坐不動的有兩種，就是想要讓別人感覺自己「很酷」，而且「控制住一切」。想讓人覺得自己很酷，並不意味想要變成公認的魅力酷男——只是想把受到傷害的可能性減到最低，以降低遭受譏諷和揶揄的風險。

為了爭取自我價值，我們用「酷」的外表，嚴密束縛自己的情緒和行為，如同穿上約束衣。我們還可悲地擺出不從眾的高姿態，無可救藥地端出一副「總比〇〇好」的態度。「控制住一切」並非為了滿足操弄情勢的欲望，反而是為了管控別人對自己的感覺。我們希望能夠控制別人對我們的看法，才會覺得自己是夠好的。

我成長於一個極度重視「酷」和融入的家庭。成年之後，我必須不斷努力在某些議題上容許自己脆弱和真實。成年的我，只要不會讓人覺得我要白痴、搞笑、笨手笨腳，我就能夠大笑、唱歌、跳舞。許多年來，這些都是引發我羞愧的主要因素。

「控制住一切」並非為了滿足操弄情勢的欲望，反而是為了管控別人對自己的感覺。我們希望能夠控制別人對我們的看法，才會覺得自己是夠好的。

走過崩解靈性甦醒的二〇〇七，我了解到自己因為裝酷而錯過了好多、好多。我體會出自己畏懼嘗試新事物的一個原因（例如嘗試健身俱樂部的瑜伽或嘻哈舞蹈），只是我怕別人覺得我呆頭呆腦、笨手笨腳。

我花了很多時間和精力對付這個東西。過程十分緩慢。我仍然只會在我信任的人身邊特別傻氣和耍寶。不過我認為這倒也無妨。我也很努力，不要把裝酷這件事傳遞給我的子女。

我們不把小魔怪和羞愧誘發因子當作一回事，就不容易裝酷。

這就是證明：

去年某天，我必須趕緊去諾斯壯（Nordstrom）百貨公司一趟，買些化妝品回來。我當時覺得自己穿什麼都不對勁，只想穿得像電影「星際大戰」裡痴肥的外星黑幫老大賈霸。所以我套上最寬鬆的長袖運動衫，用一個髮箍把髒兮兮的頭髮往頭頂一推，就跟愛倫說：「我們快去快回，速戰速決。」

前往百貨公司的路上，愛倫提醒我，祖母去年買給她的那雙鞋子放在後車廂，她問我可不可以順便去換一雙大一點的。我們買完化妝品後，就上樓去童鞋專櫃。手扶梯才升到樓面，我就看到三個亮麗的女人站在童鞋專櫃裡面，一頭長髮（乾淨的）在纖瘦有型的肩膀上飄來甩去。輕盈的身軀如小鳥般棲息在一雙雙高跟尖頭靴子上。她們看著跟自己一樣漂亮的女兒試穿休閒鞋。

我目不轉睛盯著展售的鞋子，藉此努力避免和他人比較，以免崩潰。這時我眼角突然瞥見一陣古怪的抽搐。那是愛倫。鄰近的童鞋專櫃正播放一首流行歌曲，我那天不怕、地不怕的八歲女兒愛倫跳起舞來了。或者說得更明確點兒，她跳起了機器人舞。

愛倫抬眼發現我在看她的那瞬間，我看見那三個貴氣的媽媽和同樣出色的女兒正盯著愛倫。這幾個媽媽看起來很替愛倫難為情，而那幾個比愛倫大不了幾歲的女孩呢，擺明了就是在一旁交頭接耳，說些壞心眼的話。愛倫一下子僵住了。身體才彎下一半，兩手硬梆梆地卡在半空中。她抬頭看著我，眼神在問我：「媽咪，我該怎麼辦？」

這種情境下，我內在設定好的反應是帶著貶抑用力瞪她一眼：「拜託妳，別這麼誇張！」

我第一時間的反應會是背叛女兒、拯救自己。感謝上帝我不是這樣反應的。一部分因為長期浸淫在這項研究之中，另一部分則是出於母性超越本身恐懼的本能，加上上帝恩典提醒我：「選擇愛倫！站在她這邊！」

我抬眼瞄了這幾個媽媽，再看看愛倫。我鼓起最深的勇氣，微笑說：「妳還得把稻草人的動作加進去才行。」我伸長兩隻手，左右晃蕩，然後假裝要彎起前臂。愛倫笑了。我們就站在專櫃中間練習這些動作，直到那首歌結束。我不知道路人對我們在專櫃前現場演出的舞蹈節目有什麼反應，因為我的視線不曾離開過愛倫。

背叛，是這一章的關鍵字。當我們把冷靜自持和控制的重要性，看得比容許自己釋放熱情、耍寶搞笑、流露真心、表達真實的自己還重要，就等於背叛了自己。當我們一再背叛自己，可以預期的是，我們也會背叛所愛的人。

不容許自己自由，便很難忍受別人擁有自由。我們貶抑和取笑這些人，譏諷他們的行為，有時候還會羞辱他們。我們這麼做或許有心，或者無意，然而釋出的訊息同樣是：「拜託你喔，不要這麼像鄉巴佬。」

美國霍皮族印地安人有句諺語：「觀賞我們跳舞，就是聆聽我們的心靈之音。」我知道容許別人聽見我們的心聲需要多大的勇氣。但是生命太珍貴，當我們可以歡笑、唱歌、跳舞時，卻浪費在裝酷和毫不失控上，那是不值得的。

向深處挖掘

D．刻意（Deliberate）：如果我們相信歡笑、歌唱、舞蹈對心靈健康很重要，那要如何確保有空間做這些事？我家晚餐結束之後清理廚房時，會打開音樂，唱歌、跳舞。結果總是笑開懷。

I．激勵（Inspired）：我喜歡設定「主題播放清單」把歌曲分組，這樣我就可以按照當時的心情來聆聽想聽的音樂。我的播放清單從「在iPod中遇見上帝」到「發自內心的奔跑」，什麼主題都有。我最喜歡的是「真實自我」清單——那些歌曲讓我感覺最像自己。

G．行動（Going）：瘋傻一下又何妨？每天跳五分鐘的舞。做張音樂CD跟著唱。觀賞那很白痴且讓你每看必笑的YouTube影片！

你是如何向深處挖掘的呢？

【跋】

還有幾句話……

我認為多數人在閱讀自我成長這類「自助式」書籍的時候，心中對江湖術士的胡扯早已有一套極具敏感度的量尺。市面上有太多書籍提供了無法兌現的保證，要不就是把改變形容得太過容易。真相是，有意義的改變是一個過程。改變令人不自在，也往往帶著風險，尤其當我們談到擁抱自己的不完美、培養真實，以及正視世人目光說：「我是夠好的」之時，更是如此。

無論我們多麼害怕改變，最終必須回答這個問題：不理會別人的想法，還是放棄自己的感覺和信念，哪個風險比較大？

全心投入的生活，是從富自我價值之境出發，投入我們的生活；全心投入的生活是培養勇氣、仁慈、連結。全心投入的生活是清早醒來這樣樣想：不管我做了多少事、有多少還沒做，我都是夠好的；而晚上入睡前這樣想：沒錯，我是不完美、很脆弱，而且有時候會害怕。但是這不會改變一個事實，那就是我也很勇敢，而且值得擁有愛與歸屬。

不完美所帶來的禮物是勇氣、仁慈、連結，我認為這很有道理，因為我回顧自己在這項研究開始之前的生活時，就想起自己經常感到的恐懼、論斷和孤單，正與這些禮物恰恰相反。我當時很想知道，萬一我無法同時搞定生活中的各種任務，那會怎麼樣？為什麼別人工作都不夠認真，也都不能符合我的期待？如果我失敗或放棄了，別人會怎麼想？什麼時候我才能停止向別人證明我自己？對我來說，失去自己的風險，要比展現真實的自己更具威脅性。從二〇〇六年，也就是我的研究顛覆了我原本生活的那天開始，到現在已經將近四年了。這是我生命中最棒的四年，我不會改變其中任何一件事。崩解靈性／甦醒非常不容易，然而我吃了秤砣鐵了心。我猜是宇宙在想辦法非吸引我的注意力不可。

無論你家附近的書店會把這本書歸在哪一類，我自己不太認為這是一本關於自我成長的「自助式」書籍。我認為這本書宛如一張邀請卡，邀請你加入全心投入的變革——這是一個小小的、安靜的、草根性的運動，從我們每一個人宣告「我的故事很重要，因為我很重要」開始；我們可以帶著混亂、不完美、狂野、妊娠紋或鬆弛的皮膚，或是精采的、心碎、充滿恩典以及喜樂的生活，一起走上街頭。這項改革從自由中獲得能量；而自由則在我們停止假裝萬事OK時誕生。這是一種呼喚，發自你我肺腑；亦即就算相信徹底歡樂會招來災難，仍在強烈喜悅之時勇於歡慶。

變革聽起來可能有點戲劇化。但在現今世界中，選擇真實和價值，百分之百是一種對抗。選擇全意生活、全心去愛，是一種的叛逆的行為。你會讓很多人感到困惑、生氣、驚嚇——也包括你自己。這一分鐘，你會祈禱讓改變終結；而下一分鐘你又會禱告，要改變永不停歇。你也會奇怪自己怎麼會同時感到充滿勇氣，卻又如此害怕。至少那是我最常有的感受……勇敢、害怕，而且非常活躍、鮮明。

【研究歷程】

給追求刺激的人和對於方法學成癮的人

兩、三年前，一場演講結束之後，一位年輕女子上前來跟我說：「希望妳不要覺得奇怪、沒禮貌或什麼的，我覺得妳看起來不像個研究人員。」她沒有再說什麼，只是滿臉疑惑地站在那兒等我回答。

我微笑答：「妳的意思是？」

她說：「妳看起來很正常。」

我暗笑：「好吧。外表是可以騙人的。我沒有那麼正常。」

結果我們相談甚歡。她是個單親媽媽，正就讀大學心理系。她很喜歡做研究，但指導教授不鼓勵她走這條路。我們談了工作、媽媽經，還有研究人員應該看起來是什麼樣子。看樣子我欠缺的是老鼠、實驗室的白色長袍和Y染色體。她跟我說：「我腦海中的畫面是實驗室裡研究老鼠的年長白人男性。不是嚴謹栽培子女而疲於奔命的中產階級婦女。」

引導我成為研究人員的旅程，絕非一條明確筆直的道路。很諷刺地，這很可能也是我後來靠著研究人類行為和情感維生的原因。我大學斷斷續續念了好多年。我休學在家的那幾個學期，我端盤子、調酒、搭便車跑遍歐洲、拚命打網球……你明白我的意思了。我年過二十五歲才發現社會工作專業，知道那是我的歸宿。兩年制大學期間，我用功讀書、拚成績，讓自己夠格進入社工系，而且是有規模的大學。我就是因為那段時間的課程而愛上了教書和寫作。

休學多年之後，我以特優成績與表現獲得德州大學奧斯汀分校社工系學士，並且立即申請了休士頓大學的研究所。那年我二十九歲。學校錄取了我。我很認真地完成了碩士學位，接著進入博士班。

攻讀博士期間，我發現了和量化研究不同的質性研究。量化研究主要是測驗和統計，這些方法能提供預測和控制現象所需的資料。質性研究是發現模式和主題，讓你更了解自己研究的現象。這兩種研究方法同等重要，卻截然不同。

我所運用的質性研究方法稱為紮根理論（Grounded Theory）。

我很幸運能夠接受巴尼．格拉瑟（Barney Glaser）的訓練。這項研究方法是格拉瑟博士和另一位學者在一九六〇年代發展出來的。格拉瑟博士往返於加州和德州之間，擔任我博士論文考試委員會的方法學學者。

紮根理論研究的基本前提是，盡量從兩、三個預先形成的概念和假設入手，如此才能夠透過研究歷程中所浮現的資料來建立理論基礎。例如，我起初對於這個日後被我稱為全心投入的研究，是有兩個疑問的：人類連結的細部結構是什麼？如何運作？而研究了人性中最大的優點和弱點之後，我學習到沒有什麼比人類之間的連結更來得重要。因此我想要更明白我們如何發展出有意義的連結，以及所有的來龍去脈。

為了回答這些問題，在蒐集資料的過程中，我遇見了「羞愧」這個侵蝕連結的東西。我決定花點時間繞路去了解羞愧，這樣我才能更了解連結。當時我的問題就成了：「羞愧是什麼？如何影響我們的生命？」

我短暫的繞路，一繞就是八年（因為有很多東西可學）。我根據我所學，提出了新的問題：擁抱本身的脆弱和不完美，並且發展出高強度羞愧復原力的男女，似乎都看重某種生活方式。他們看重的是什麼？他們如何培養自己所需要的力量？這些問題成了決定「大部分人需要付出什麼代價，才能以全心投入生活」的基礎。

我的資料不是從問卷或調查得來的；我跟人訪談，用訪談筆記蒐集故事。我最主要的任務就是獵捕故事。過去十年，我蒐集了不下一萬個故事。正式的個別研究訪談和焦點團體中所接觸的受訪者將近一千人。人們透過信件、電子郵件、我的部落格，還有我所教授的課程，與我分享他們的故事。有些人甚至將自己的藝術創作或日記影本傳送給我。我也和數以萬計與我分享個案研究的心理衛生專家談過。

我完成訪談後，分析所有故事的主題和模式，並從這些資料中生發出理論。我為故事編碼（就是分析故事）的時候，會深深進入研究人員的狀態，我全神貫注於精準捕捉在故事中聽到的訊息。我不思考這些故事對我的意義，只思考這些故事對於案主本身的意義。

紮根理論的方法不是讓我貼近問題的時候說：「我需要蒐集我所知為真的證據。」而是強迫我放下自己有興趣、想要投入的東西，這樣我才能夠專注在受訪者的掛慮、興趣和想法上。

資料編碼的過程既辛苦又困難。我丈夫史狄夫喜歡在我進入比較、編碼和撰寫備忘錄的階段中，帶孩子出遠門。他說我在家裡暈頭轉向地走來走去，手裡抓了一疊標準橫格黃色拍紙簿，然後嘴巴裡唸唸有辭的樣子很可怕。這過程可真吸引人。

紮根理論讓我最愛恨交織的地方是，永遠沒有做完的時候。你從資料中演繹出來的理論只不過是「好到」能夠解釋新資料。這意思是說，每次你蒐集了一個新的故事或是新的資訊，你就必須跟已經發展的理論相比對。這樣說得通嗎？聽起來對嗎？已經存在的理論能不能以一種有意義的方式來解釋新的資料呢？如果你常看我的部落格，或是曾經聽過我演講，十之八九都能證實，這種建立理論的方法具有一種演化的本質。如果你尊重敘述者所分享的故事，就必須恪守精準捕捉故事含意這個初衷。這是一種挑戰，但我衷心熱愛我的工作。

如果你真的對紮根理論有興趣，或是你需要方法學方面的資訊，請進入我的官網www.brenebrown.com，按下學術文章的連結，尋找**羞愧復原力**和**全心投入的生活**這兩方面的理論。

關於作者

布芮尼．布朗博士是研究人員、作家，也是教授。她任職於休士頓大學社會工作研究院，過去十年中，她在此研究她所謂的全心投入的概念。她提出這類的問題：我們要如何從真實和有自我價值之處出發，投入自己的生活？我們如何培養所需的勇氣、仁慈、連結，以擁抱我們的不完美，承認自己是夠好的——換句話說，我們是值得擁有愛、歸屬和喜樂的？

布朗博士長達十年研究歷程中的頭七年，她研究了羞愧和懼怕這兩種普世性經驗如何影響我們；以及在日常生活中實踐復原力如何能夠改變我們生活、相愛、教養子女，以及工作的方式。二〇〇八年，她接受任命成為休士頓酗酒與藥物防治學會的行為健康常駐學者。布朗博士曾因她的研究而接受美國PBS公共電視網、歐普拉談話節目，以及好友廣播聯播網的專訪。她的文章也曾出現在《Self》雜誌、《ELLE》雜誌，以及美國的許多報紙上。她也是美國各地廣播節目時常邀請的對象。最近《休士頓女性雜誌》將她列入「二〇〇九年最具影響力的五十位女性」。

布朗博士另著有《我以為只有我（但並不是）：說穿完美主義、不足感和權力的真相》（Gotham, 2007）和《全心全意的勇氣：敢於脆弱的勇氣如何改變了我們的生活、愛、親職和領導》（*Daring Greatly: How the Courage to Be Vulnerable Transforms the Way We Live, Love, Parent, and Lead*, Gotham, 2012）。

她的著作還有《連結》，這套羞愧復原力的心理教育課程正由心理衛生與成癮專業人士在美國大力推展。

布芮尼目前定居於休士頓，與丈夫史狄夫以及一雙年輕的兒女愛倫和查理同住。您若想更了解布芮尼和她的研究，請拜訪她的官網www.brenebrown.com或部落格www.ordinarycourage.com。您也可以在她的官網中找到《不完美的禮物》的導讀資料，以及好書推薦清單。

【附錄】

討論題綱與伴讀指引

編按：下面是一些書中的內容摘要，以及從中延伸出的討論題綱，可以問問自己、家人、朋友，也可以在職場與同事分享，或是組讀書會時拿來討論。祝你旅途愉快，一路豐收！

出處網址：http://www.brenebrown.com/downloads-badges

一、適用對象：家人、伴侶、父母與朋友

給為人父母的你

⊙作者為各項「釐清之旅」舉例，包括成為父母和空巢階段。（見前言）

你是否在生活中體驗過類似的釐清經驗？

你是如何順利度過這些階段？

⊙作者分享「職業槍手的羞愧風暴」。（行前準備一）

這個故事最會讓你聯想到什麼人？為什麼？

你在類似的情境中會如何反應？

⊙作者把女兒愛倫從睡衣派對中接回家，並且讚賞她實踐了平凡的勇氣。（行前準備一）

你能回想出你的孩子實踐了平凡勇氣的例子嗎？

你當時是如何回應的？

事後回想，你其實可以如何鼓勵他們？

⊙作者描述了假日音樂會中，兩位母親駐足與遲到

的媽媽分享自己不完美和脆弱的故事。（行前準備一）

你能回想之前是否遇過別的家長花時間停下腳步說：「這是我的故事，你並不孤單」？

感覺如何？

你是否曾經也為別的家長做過同樣的事情？

感覺如何？

⊙書上說，「研究使我明白，如果真心想要實踐仁慈，我們必須開始設立界線，並且讓人們為他們自己的行為負責。」（行前準備一）

你覺得這段話如何應用在親職上？

如果你減少責備、更加尊重界線，你家看起來會是什麼樣子？

⊙完美主義不可能不影響別人，它會令身邊的人一一遭殃。我們把完美主義傳遞給子孫……完美主義讓我們朋友和家人感到窒息。（第二號路標）

你看見完美主義是如何傳遞到子女身上的？

你覺得自己身上是否也承繼了完美主義？

⊙書上說，子女最常從父母身上學習盼望。明白自己有能力教導子女如何盼望，使為人父母者獲得極大的能力感。盼望不是胡亂冒險，而是有意識的選擇。（第三號路標）

你從父母親身上學習到盼望嗎？

你認為你是否教導子女盼望呢？

⊙作者分享自己做出為家庭創造更多休息時間的決定時，引發的擔憂。（第七號路標）

你想到要為家庭創造更多休息時間時，心中浮現什麼樣的問題？

什麼是你所擔憂的？

什麼是你所企盼的？

給伴侶

⊙作者為各項「釐清之旅」舉例，包括結婚和離婚。（前言）

你是否在生活中體驗過類似的釐清經驗？

你是如何順利走過的？

這些經驗如何影響了你？

⊙如果我們想要充分體驗愛與歸屬，就必須相信自己值得擁有愛與歸屬。（行前準備一）

不能夠充分體驗愛和歸屬，是如何在給予愛和接受愛這兩方面，影響了你和伴侶之間的關係？

⊙作者分享了她和丈夫製作「烹調喜樂和意義的食材」清單的經驗。（第七號路標）

你和你的伴侶會在這個清單上，列出哪些項目？

給家人和朋友

⊙作者分享從「幫助者」角色中轉變，向妹妹請求支持和幫助的經驗。（行前準備一）

在你的家庭關係和友誼關係中，你視自己為提供幫助的人，還是接受幫助的人？

這種感覺如何影響你的人際關係？

⊙當我們選擇對自己毫無虛偽，身旁的人就會拚命想搞清楚我們是如何以及為何改變。伴侶和子女可能感到害怕，不確定他們看見的改變是什麼。朋友和家人可能會擔心我們的「實踐真實」會影響他們及彼此間的關係。（第一號路標）

你選擇真實做自己的時候，你的家人和朋友的反應是什麼？

你原本以為他們會有什麼反應？

⊙勇氣是述說我們的故事，而不是對批判免疫。如

果想要體驗人際連結，保有脆弱是我們必須承擔的風險。（第一號路標）

你把故事分享出來的時候，你如何處理家人和朋友的批評？

二、適用對象：職場工作者

⊙作者為各項「釐清之旅」舉例，包括在一個耗蝕心靈的位置上工作然後退休。（前言）

你是否在生活中體驗過類似的釐清經驗？

你是如何順利解決心理困擾的？

⊙作者在研究中發現，許多真心承諾實踐仁慈的人，正是最有界線意識的人。有仁慈心的人，是有界線的人。（行前準備一）

當你聯想到工作中最具憐憫心腸的雇主和工作夥伴時，你認為這個說法真確嗎？

你覺得自己在工作場合中，是個有界線的人嗎？

⊙書中提到：「如果真心想要實踐仁慈，我們必須開始設立界線，並且讓人們為他們自己的行為負責。」（行前準備一）

你覺得這句話要如何在工作場合中應用出來？

如果你減少責備，更加尊重界線，你的工作生活會是什麼樣子？

⊙作者分享了她和一位專案經理的交流過程，提到：「設立界線和要求人們承擔行為責任的確比羞辱和責備來得費事，然而卻有效得多。」（行前準備一）

請回想你自己為了避免「麻煩」，不去要求同事承擔行為責任，而改用羞辱和責難的例子。結果情況變得如何？

請回想你要求別人承擔行為責任的時候，情況變得如何？

⊙在我們努力變得真實和勇敢的時候要牢記，就算那些批判不成立，但刻薄和殘酷永遠具有殺傷力。當我們反其道而行，把自己和我們的努力在人前攤開，有些人會感到威脅，然後會找到最傷人的點——我們的外表、我們是否討人喜愛，甚至我們如何教養子女——對我們窮追猛打。（第一號路標）

你曾經因為向世人展現你努力的成果，而受到了什麼樣的傷害？

你對於批評的反應是什麼？

⊙作者說明，完美主義和追求盡己所能的盡善盡美是兩碼子事，完美主義也不是自我成長，而是跟爭取認同和接納有關。（第二號路標）

你覺得你在工作中，是尋求完美，還是盡己所能的盡善盡美和自我成長？

你對於其中差異的認識是什麼？

完美主義如何妨礙了你的工作？

例如，你是否因為懼怕失敗而在職涯中放棄追求過某個夢想？

⊙完美主義不可能不影響別人，它會令身邊的人一一遭殃……我們用無法達成的期待污染了職場……（第二號路標）

你的工作場合是否曾經遭受完美主義的污染？

那是什麼樣的光景？

⊙作者的研究認為充滿意義的工作包含幾個層面。（第九號路標）

對你而言，有意義的工作是什麼？

跟你上班賺錢的工作是一致的嗎？

⊙為克服自我懷疑和「應該」，請思索作者提出的問題。（第九號路標）

什麼會讓你害怕？

你認為「應該」的事情有哪些？

誰說的？

為什麼？

⊙書中提到，這個世界把工作看得很重要。我們最經常問人也最常被人問起的一句話是：「你做什麼工作？」要以單一和簡要的答案回應這個問題，常讓人掙扎不已。（第九號路標）運用瑪西．艾波爾的「斜線模式」（兼職效應），你會如何界定自己是誰、做什麼工作？（請依照自己的需要，使用愈多斜線愈好。）

⊙作者分享了兼職效應的想法，請思索作者提出的問題：（第九號路標）

你心目中最理想的兼職項目有哪些？

你兒時的志向是什麼？

什麼事情能為你帶來意義？

三、適用對象：讀書會

⊙我學會了要多關心自己的感受，少操心「別人可能怎麼想」。我設定新的界限，開始放下討好、表現和完美的需要。我開始說不，不再說是（卻事後怨恨、惱怒）。我開始說「對了，就是要這樣！」不再說「聽起來很好玩，可是我有好多工作沒做」，也不再說「等到我＿＿＿＿（變瘦、比較有空、準備得更好）之後才要有所行動。（前言）

哪些時候，或是跟誰在一起時，你最容易口是心非？

本來想說「不要」，卻說了「好吧」，這最後成了你心中的怨恨和責難嗎？

練習說「不」，你會付出什麼代價？

⊙全心投入生活的人在筋疲力竭、不堪重負的時候會「向深處挖掘」，他們藉由禱告、默想、立定心意，刻意去改變想法、行為；明智選擇與先前不同的新選項；前進、採取行動。（序）

你向來都是如何「向深處挖掘」的？

請想想看，你是否曾在生活中使用以上手法呢？

⊙作者舉六種回應方式為例，提醒我們感到羞愧時，應避免與這樣的對象分享。（行前準備一）

你還會在這張清單上，加列哪些應當避開的回應方式？

請回想你是否曾經尋求連結，結果得到了這六種回應之中的一種？

或曾經有人向你尋求連結，而你的反應是這六種其中之一？

⊙當我們尋求仁慈，我們需要的對象必須腳步穩固、內心柔軟，更重要的是，能夠同時擁抱我們的優點和掙扎。這樣的對象才有資格聆聽；而我們需要藉著與這類對象分享，來為我們的掙扎賦予榮耀。尋求仁慈，要在正確的時刻以正確的議題，與正確的對象產生連結。（行前準備一）

你會向誰尋求仁慈？

誰會向你尋求仁慈？

⊙勇氣是有漣漪效應的。我們每一次選擇勇氣，就能讓身旁的人更好過一點點，也讓這個世界更勇敢一些些；或許也會讓我們所處的環境中，多保有一分仁慈和勇敢。（行前準備一）

請回想並舉例，你是否體驗過勇氣的漣漪效應？

發生了什麼事情？

你受到了什麼樣的影響？

⊙從幫派到八卦，只要我們相信那樣做能滿足我們的歸屬需求，就會不計代價設法融入。但事實並非如此。唯有當我們拿出最真實的自己，他人欣然接受我們原本的樣貌，我們才能夠得到歸屬。（行前準備二）

請回想並舉例，你設法融入的努力，是否曾經因此阻礙了你的歸屬需求？

結果如何？

你所「融入」的地方，跟你「歸屬」的地方有何不同？

這兩個團體給你的感覺又是如何？

⊙你如何回答作者在「旅途中的攔阻」這一章中所提出的問題？（行前準備三）

當你被逼到羞愧的角落中，你會變成什麼樣的人？

你會如何保護自己？

你會打電話找誰陪你消化掉「惡毒—卑鄙」、「哭泣—躲藏」，或者是「討好人」的情況？

你感到受傷和渺小的時候，能為自己所做最勇敢的事情是什麼？

⊙重點是……安全的選項未必總是真實。有時候選擇真面目，而不是討人喜歡，正是全然的冒險；這意味著跨越我們的舒適圈。（第一號路標）

你踏出舒適圈的時候，誰是你能信賴、能支持你的人？

國家圖書館出版品預行編目（CIP）資料

不完美的禮物：放下「應該」的你，擁抱真實的自己／
布芮尼・布朗（Brené Brown）作.　；田育慈譯.　--初版
-- 臺北市：心靈工坊文化, 2013.04
面；　公分.
譯自：The Gifts of Imperfection:Let Go of Who You Think You're
Supposed to Be and Embrace Who You Are
ISBN 978-986-6112-69-0（平裝）
1.自我肯定　2.自我實現

177.2　　102005032

心靈工坊 PsyGarden
Holistic　080

不完美的禮物：

放下「應該」的你，擁抱真實的自己

作者—布芮尼・布朗（Brené Brown）
譯者—田育慈

出版者—心靈工坊文化事業股份有限公司
發行人—王浩威
總編輯—徐嘉俊　　責任編輯—黃心宜
特約編輯—林婉華　　內頁編排設計—黃玉敏
通訊地址—10684台北市大安區信義路四段53巷8號2樓
郵政劃撥—19546215　戶名—心靈工坊文化事業股份有限公司
電話—（02）2702-9186　傳真—（02）2702-9286
Email—service@psygarden.com.tw　　網址—www.psygarden.com.tw

製版・印刷—中茂分色製版印刷事業股份有限公司
總經銷—大和書報圖書股份有限公司
電話—（02）8990-2588　傳真—（02）2990-1658
通訊地址—248新北市五股工業區五工五路二號
ISBN—978-986-6112-69-0　定價—300元
初版一刷—2013年 4月　初版二十九刷—2022年 3月
The Gifts of Imperfection: Let Go of Who You Think You're Supposed to Be and Embrace Who You Are

心靈工坊 PsyGarden 書香家族 讀友卡

感謝您購買心靈工坊的叢書，為了加強對您的服務，請您詳填本卡，
直接投入郵筒（免貼郵票）或傳真，我們會珍視您的意見，
並提供您最新的活動訊息，共同以書會友，追求身心靈的創意與成長。

書系編號—HO 080　書名—不完美的禮物：放下「應該」的你，擁抱真實的自己

姓名　是否已加入書香家族？ □是　□現在加入

電話（O）　（H）　手機

E-mail　生日　年　月　日

地址 □□□

服務機構（就讀學校）　職稱（系所）

您的性別—□ 1. 女 □ 2. 男 □ 3. 其他

婚姻狀況—□ 1. 未婚 □ 2. 已婚 □ 3. 離婚 □ 4. 不婚 □ 5. 同志 □ 6. 喪偶 □ 7. 分居

請問您如何得知這本書？

□ 1. 書店 □ 2. 報章雜誌 □ 3. 廣播電視 □ 4. 親友推介 □ 5. 心靈工坊書訊 □ 6. 廣告 DM □ 7. 心靈工坊網站 □ 8. 其他網路媒體 □ 9. 其他

您購買本書的方式？

□ 1. 書店 □ 2. 劃撥郵購 □ 3. 團體訂購 □ 4. 網路訂購 □ 5. 其他

您對本書的意見？

封面設計	□ 1. 須再改進	□ 2. 尚可	□ 3. 滿意	□ 4. 非常滿意
版面編排	□ 1. 須再改進	□ 2. 尚可	□ 3. 滿意	□ 4. 非常滿意
內容	□ 1. 須再改進	□ 2. 尚可	□ 3. 滿意	□ 4. 非常滿意
文筆／翻譯	□ 1. 須再改進	□ 2. 尚可	□ 3. 滿意	□ 4. 非常滿意
價格	□ 1. 須再改進	□ 2. 尚可	□ 3. 滿意	□ 4. 非常滿意

您對我們有何建議？

廣告回信
台北郵局登記證
台北廣字
第 1143 號
免貼郵票

心靈工坊 PsyGarden

10684 台北市信義路四段 53 巷 8 號 2 樓

讀者服務組　收

免　貼　郵　票

（對折線）

加入心靈工坊書香家族會員
共享知識的盛宴，成長的喜悅

請寄回這張回函卡（免貼郵票），
您就成為心靈工坊的書香家族會員，您將可以——

隨時收到新書出版和活動訊息

獲得各項回饋和優惠方案